U0374689

高职经管类精品教材

基础会计实训教程

主 编 彭 云 王 芳
副主编 倪银珠 夏 冰 陈 敏
参 编 张树琪 史永红 夏章霞 谈先球

模块化设计

中国科学技术大学出版社

内 容 简 介

本书围绕会计岗位来编排实训内容，解决了会计教学和实际脱节的问题，使学生直观、生动地了解会计工作，熟练掌握会计技能。全书内容包括：主要会计岗位的分工及职责、基础书写训练、出纳岗位技能训练、会计岗位技能训练、综合技能训练、会计资料的装订和保管。

图书在版编目(CIP)数据

基础会计实训教程/彭云，王芳主编．—合肥：中国科学技术大学出版社，2011.8(2012.6重印)

ISBN 978-7-312-02862-5

Ⅰ.基…　Ⅱ.①彭…　②王…　Ⅲ.会计学—教材　Ⅳ.F230

中国版本图书馆 CIP 数据核字（2011）第 155516 号

出版　中国科学技术大学出版社
安徽省合肥市金寨路 96 号，230026
网址：http://press.ustc.edu.cn

印刷　安徽省瑞隆印务有限公司

发行　中国科学技术大学出版社

经销　全国新华书店

开本　787 mm×1092 mm　1/16

印张　9.75

字数　190 千

版次　2011 年 8 月第 1 版

印次　2012 年 6 月第 2 次印刷

定价　23.00 元

前　　言

本教程是适应高职教育培养应用技能型人才的需要，满足高职院校会计实践课教学的要求，依据新会计准则编写的。该教程按照会计工作的实际岗位设计实训内容，解决理论和实际脱节的问题。通过岗位内容的模拟，使学生体会真实的会计工作环境和内容，提高学生的学习兴趣和动手能力，达到事半功倍的教学效果。因为教学需要，书中所有涉及的人名、公司名和公章皆为虚构，特此说明。

本教程在会计岗位的内容设计上紧密围绕中国科学技术大学出版社出版的《基础会计》（第3版，彭云、翁嘉晨主编）教材内容，可作为基础会计工作过程教学的辅助教材，也可单独作为基础会计实训课程教材。

本教程从企业实际业务情况出发，考虑到学生刚刚接触会计，重点是使其熟悉会计基础岗位和掌握会计基本技能，所以本教程的岗位设计仅仅围绕财务最基本的两个岗位——出纳和会计岗位。本教程分为五大实训模块：第一模块是基础书写训练，主要是会计基本功的训练；第二模块是出纳岗位技能训练，主要是出纳的点钞、验钞、填单等技能训练；第三模块是会计岗位技能训练，主要围绕会计的基本核算方法开展训练，与《基础会计》（第3版）的项目和任务相对应；第四模块是综合技能训练；第五模块是会计资料装订和保管的技能训练。通过这五大模块的训练，使学生掌握比较完整的会计工作岗位技能，为后续的专业学习和今后从事会计工作奠定比较扎实的基础。

由于时间仓促，水平有限，书中难免存在不足，恳请读者批评指正。

编　者

2011年6月

目　　录

前言 …………………………………………………………（ⅰ）

主要会计岗位的分工及职责 …………………………………（1）

实训一　基础书写训练 ………………………………………（5）
　训练一　阿拉伯数字的书写 ………………………………（5）
　训练二　汉字大写数字的书写 ……………………………（6）
　训练三　大小写转换 ………………………………………（7）

实训二　出纳岗位技能训练 …………………………………（9）
　训练一　点钞与验钞技术 …………………………………（9）
　训练二　银行单证填写训练 ………………………………（12）

实训三　会计岗位技能训练 …………………………………（19）
　训练一　填制并审核原始凭证 ……………………………（19）
　训练二　填制并审核记账凭证 ……………………………（22）
　训练三　建账和登记账簿 …………………………………（67）
　训练四　错账的查找与更正 ………………………………（69）
　训练五　银行存款余额调节表的编制 ……………………（77）
　训练六　编制会计报表 ……………………………………（78）

实训四　综合技能训练 ………………………………………（83）

实训五　会计资料的装订和保管 ……………………………（145）

主要会计岗位的分工及职责

一、设置目的

会计是会计理论和会计实践的结合，会计专业学生既要学习会计理论，又要掌握基本的会计操作及工作流程。培养学生从事实践工作的能力，是高等职业教育培养目标中的一项主要任务。然而，组织学生到单位去实习，要受到很多条件限制，往往只是流于形式。多数单位考虑到财务部门的特殊性，不愿接受也无法承受大量的学生实习实训。因此，在学校开展会计模拟实训，不失为一个较好的解决问题的办法。但过去我们的会计模拟教学仅仅是选择一个实训主体，移植一些真实的工厂经济业务，让学生进行凭证的填制和审核、账簿的登记、会计报表编制等。这样的设计与教材紧密结合，但与实际会计工作岗位的内容还是有些脱节，学生到了实际工作岗位，对会计岗位的职责和技能要求还不是很清楚，因此有必要在学校学习时就让学生了解会计岗位的设置以及关键岗位的技能要求，并针对这些岗位进行技能训练。

二、主要会计岗位的分工及职责

按照会计法的要求，企业应根据自身规模大小、业务量多少等具体情况设置会计岗位，一般大中型企业应设置会计主管、出纳、固定资产核算、材料物资核算、工资核算、成本核算、收入与利润核算、资金核算、总账报表、稽核、会计档案管理等会计岗位。对于国有大中型企业，还应设置总会计师。

小型企业因业务量较少，应适当合并以减少岗位设置。例如，可设置出纳、总账报表和明细分类核算等会计岗位，但至少应有会计和出纳两个岗位，以相互制约。

实行会计电算化的企业，还应设置系统管理员岗位。

财务部门各岗位职责具体如下：

1. 会计主管岗位的职责

会计主管岗位的职责一般包括：

1）具体领导单位财务会计工作。

2）组织制定、贯彻执行本单位的财务会计制度。

3）组织编制本单位的各项财务、成本计划。

4）组织开展财务成本分析。

5）审查或参与拟定经济合同、协议及其他经济文件。

6）参加生产经营管理会议，参与经营决策。

7）负责向本单位领导、职工代表大会报告财务状况和经营成果。

8）审查对外报送的财务会计报告。

9）负责组织会计人员的政治理论、业务技术学习和考核，参与会计人员的任免和调动。

2. 出纳岗位的职责

出纳岗位的职责一般包括：

1）办理现金收付和结算业务。

2）登记库存现金和银行存款日记账。

3）保管库存现金和各种有价证券。

4）保管有关印章、空白收据和空白支票。

3. 固定资产核算岗位的职责

固定资产核算岗位的职责一般包括：

1）会同有关部门拟定固定资产的核算与管理办法。

2）参与编制固定资产更新改造和大修理计划。

3）负责固定资产的明细核算和有关报表的编制。

4）计算提取固定资产折旧和大修理资金。

5）参与固定资产的清查盘点。

4. 材料物资核算岗位的职责

材料物资核算岗位的职责一般包括：

1）会同有关部门拟定材料物资的核算与管理办法。

2）审查汇编材料物资的采购资金计划。

3）负责材料物资的明细核算。

4）会同有关部门编制材料物资计划成本目录。

5）配合有关部门制定材料物资消耗定额。

6）参与材料物资的清查盘点。

5. 库存商品核算岗位的职责

库存商品核算岗位的职责一般包括：

1）负责库存商品的明细分类核算。

2）会同有关部门编制库存商品计划成本目录。

3）配合有关部门制定库存商品的最低、最高限额。

4）参与库存商品的清查盘点。

6. 工资核算岗位的职责

工资核算岗位的职责一般包括：

1）监督工资基金的使用。

2）审核发放工资、奖金。

3）负责工资的明细核算。

4）负责工资分配的核算。

5）计提应付福利费和工会经费等费用。

7. 成本核算岗位的职责

成本核算岗位的职责一般包括：

1）拟定成本核算办法。

2）制定成本费用计划。

3）负责成本管理基础工作。

4）核算产品成本和期间费用。

5）编制成本费用报表并进行分析。

6）协助管理在产品和自制半成品。

8. 收入、利润及利润分配核算岗位的职责

收入、利润及利润分配核算岗位的职责一般包括：

1）负责编制收入、利润计划。

2）办理销售款项结算业务。

3）负责收入和利润的明细核算。

4）负责利润分配的明细核算。

5）编制收入和利润报表。

6）协助有关部门对产成品进行清查盘点。

9. 资金核算岗位的职责

资金核算岗位的职责一般包括。

1）拟定资金管理和核算办法。

2）编制资金收支计划。

3）负责资金调度。

4）负责资金筹集的明细分类核算。

5）负责企业各项投资的明细分类核算。

10. 往来结算岗位的职责

往来结算岗位的职责一般包括：

1）建立往来款项结算手续制度。

2）办理往来款项的结算业务。

3）负责往来款项结算的明细核算。

11. 总账报表岗位的职责

总账报表岗位的职责一般包括：

1）负责登记总账。

2）负责编制资产负债表、利润表、现金流量表等有关财务会计报表。

3）负责管理会计凭证和财务会计报表。

12. 稽核岗位的职责

稽核岗位的职责一般包括：

1）审查财务成本计划。

2）审查各项财务收支。

3）复核会计凭证和财务会计报表。

13. 系统管理员岗位的职责

系统管理员岗位的职责一般包括：

1）负责会计软件日常运行管理工作，监督并保证系统的有效、安全、正常运行。系统自身的安全运行主要涉及系统各项运行日志的管理维护、防病毒的措施等。

2）负责系统定期的正确性、安全性检测，保证系统软件、硬件、网络、数据库的正常运行。

3）负责在系统发生故障时，及时组织有关人员恢复系统的正确运行，针对系统事故找到系统故障原因。

4）负责定期对服务器数据进行备份。

5）负责硬、软件的更换、升级。

14. 会计档案岗位的职责

会计档案岗位的职责一般包括：

1）保管各类票据，并严格按照规定用途领用。

2）负责定期整理和装订凭证、账簿，并按会计档案管理规定及时移交档案室。

3）负责做好调阅会计档案的登记工作。

4）按照会计资料保管要求，负责会计档案的整理核销工作。

在会计岗位设置上可以一人一岗、一人多岗或多人一岗，但在确定岗位时，应贯彻内部牵制原则，即管钱的不管账，管账的不管钱。出纳人员不得兼管稽核、会计档案保管、收入、费用、债权、债务账目的登记工作。会计人员的工作岗位应有计划地进行适当轮换，以促进会计人员全面熟悉业务，不断提高业务素质。

实训一　基础书写训练

会计人员每天都离不开书写，不仅要书写文字，而且要书写数字，书写数字离不开文字的表述，文字也离不开数字的说明，两者是相辅相成的。只有文字、数字并用，才能正确反映经济业务。所以，掌握正确规范的书写是会计人员的基本功。

训练一　阿拉伯数字的书写

一、训练目的

掌握阿拉伯数字的标准写法，做到书写规范、清晰和流畅。

二、阿拉伯数字的标准写法

1）数字应当一个一个地写，不得连笔写。

2）字体要各自成形，大小均衡，排列整齐，字迹工整、清晰。

3）字体要自右上方向左下方倾斜地写，倾斜度约 60 度。

4）同行的相邻数字之间要空出半个阿拉伯数字的位置。

5）每个数字要紧靠凭证或账表行格底线书写，书写的每个数字要贴紧底线，但上不可顶格。一般每个格内数字占 1/2 或 2/3 的位置，以便留有改错的空间。

6）“6”字要比一般数字向右上方长出 1/4，“7”和“9”字要向左下方（过底线）长出 1/4。

7）对于易混淆且笔顺相近的数字，在书写时，尽可能地按标准字体书写，区分笔顺，避免混同，以防涂改。如：“1”不可写得过短，要保持倾斜度，将格子占满，这样可防止改写为“4”、“6”、“7”、“9”；书写“6”时要顶满格子，下圆要明显，以防止改写为“8”；“7”、“9”两字的落笔可延伸到底线下面；“6”、“8”、“9”、“0”的圆必须封口。

三、训练要求

按照标准写法进行书写练习，直至书写规范、流畅，指导教师认可。练习时可用“会计数字练习用纸”，也可用账页进行书写，如图 1-1 所示。

图 1-1 会计数字标准写法

表 1-1 小写数字书写练习表

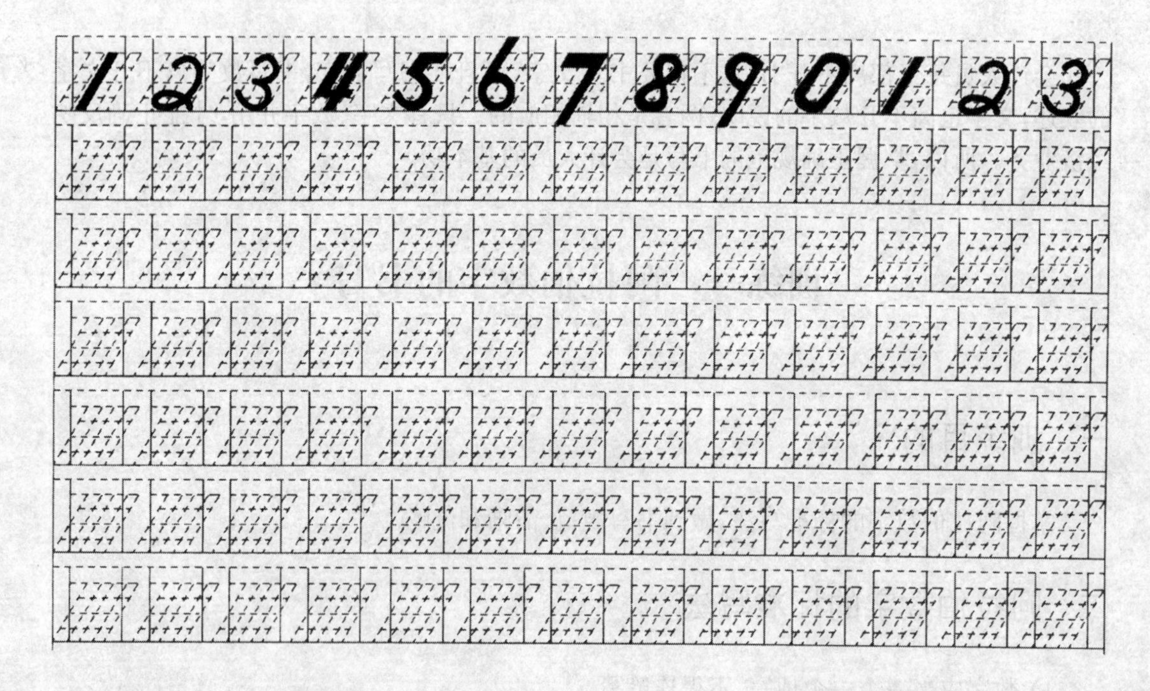

训练二 汉字大写数字的书写

一、训练目的

掌握汉字大写数字的标准写法，做到书写规范、流畅。

二、汉字大写数字的标准写法

1）汉字大写数字要以正楷或行书字体书写，不得连笔写。

2）不允许使用未经国务院公布的简化字或谐音字。大写数字一律用壹、贰、叁、肆、伍、陆、柒、捌、玖、拾、佰、仟、万、亿、元、角、分、零、整（正）等。不能用“毛”代替“角”，“另”代替“零”。

3）字体要各自成形，大小匀称，排列整齐，字迹要工整、清晰。

三、训练要求

按照标准写法进行书写练习，直至书写规范、流畅，得到指导教师认可。练习时可用“会计数字练习用纸”或账页进行书写。

表 1-2　大写数字书写练习表

壹										
贰										
叁										
肆										
伍										
陆										
柒										
捌										
玖										
拾										
佰										
仟										
万										
亿										
元										
角										
分										
零										
整（正）										

训练三　大小写转换

一、大写金额转换成小写金额训练

例：人民币贰拾伍万叁仟肆佰元整　　　　　　　　￥253 400.00

人民币壹佰捌拾伍元肆角伍分

人民币柒万玖仟贰佰捌拾元肆角整

人民币捌仟零伍拾元肆角整

人民币壹拾叁万零柒佰陆拾元零捌分

二、小写金额转换成大写金额训练

例:¥73 025.08　　人民币柒万叁仟零贰拾伍元零捌分

¥139.89

¥5 609.00

¥34 002.10

三、出票日期转换填写训练

例:2011 年 12 月 08 日　　贰零壹壹年壹拾贰月零捌日

2011 年 1 月 01 日

2012 年 10 月 19 日

2013 年 7 月 18 日

2014 年 2 月 07 日

注:出票日期转换的填写要求参见第 13 页实训二“支票出票日期的填写”。

实训二　出纳岗位技能训练

出纳岗位是会计的基本工作岗位，一般刚进入财务部门的人员，基本上是从出纳岗位干起。出纳岗位主要与钱打交道，业务相对简单，但容易发生差错，且责任重大，所以该岗位的技能要求较高。本训练能使大家了解出纳岗位的基本技能，掌握一定的工作技巧。

训练一　点钞与验钞技术

一、训练目的

出纳经常需要收付现金，容易收到假币，发生点验差错，所以掌握一定的点钞和验钞技术，对增加工作效率，减少差错，提高工作质量，都有很大帮助。

二、点钞与验钞技术介绍

（一）点钞方法

点钞方法主要有手工点钞和机器点钞两种。

1. 手工点钞

常见的手工点钞方法有手按式单张点钞法、手按式多指多张点钞法、手持式单指单张点钞法、手持式单指多张点钞法、手持式多指多张点钞法、扇面式点钞法等。

1）手按式单张点钞法　是最常用的点钞方法之一，其基本操作要领如下：将钞票横放在桌面上，正对自己；用左手无名指、小拇指按住钞票的左上角；用右手拇指托起部分钞票的右下角；右手食指捻动钞票，每捻动一张，左手拇指即往上推动送至左手食指、中指之间夹住，即完成了一次点钞动作，以后依次连续操作，如图 2-1 所示。

2）手按式多指多张点钞法　与手按式单张点钞法基本相同，只是清点和记数略有不同。

3）手持式单指单张点钞法　也是最常用的点钞方法之一，其基本操作要领如下：左手持票，手心向下，拇指按住钞票正面的左端中央，食指和中指在钞票背面，与拇指一起捏住钞票；左手无名指自然卷曲，捏起钞票后小拇指伸向钞票正面压住钞票左下方；左手中指稍用力，与无名指、小拇指一起紧卡钞票；左手食指伸直，拇指向上移动，按住钞票的侧面，将钞票压成瓦形；左手将钞票从桌面上擦过，钞票翻转，拇指借从桌面上擦过的力量将钞票撑成微

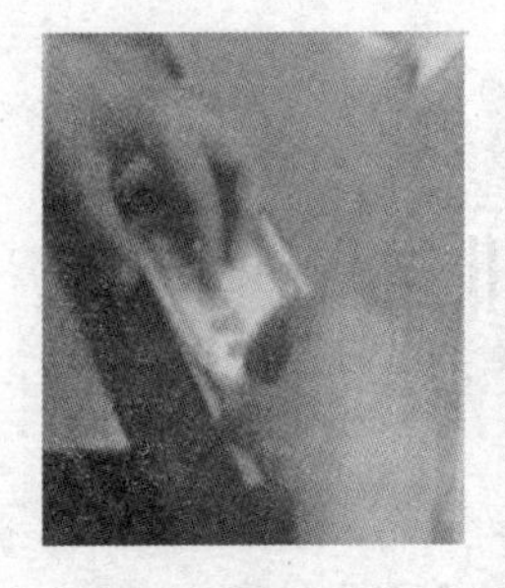
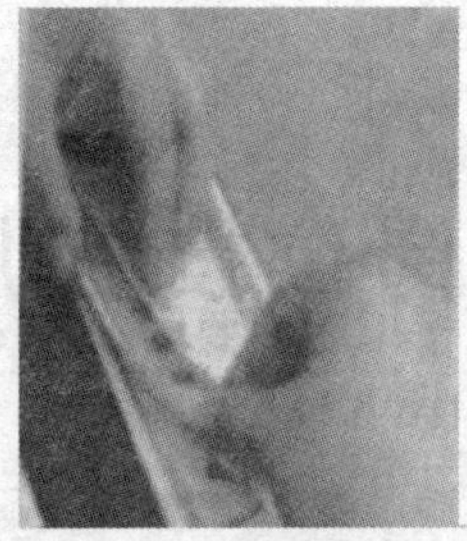
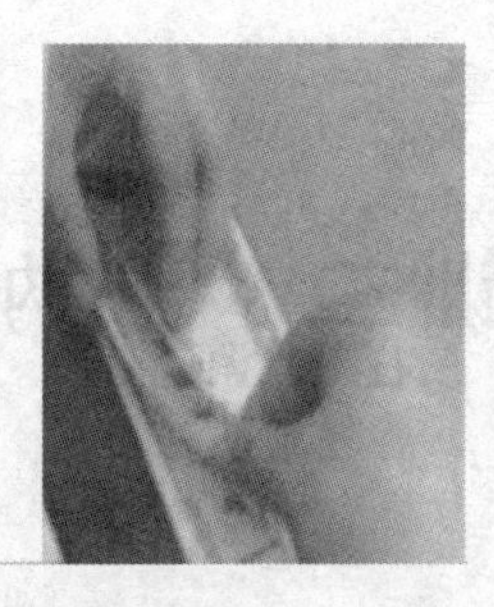
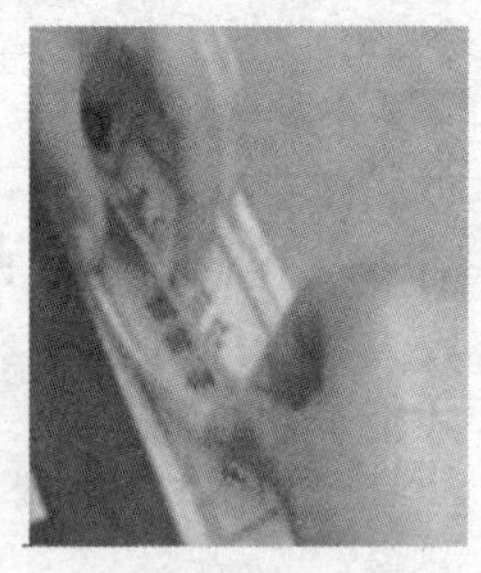

图 2-1　手按式单张点钞法

开的扇面并斜对自己面前；右手三个指头沾水，用拇指尖向下捻动钞票右下角，食指在钞票背面配合拇指捻动；用右手无名指将捻起的钞票往怀里弹，边点边记数；点钞时注意姿势，身体挺直，眼睛和钞票保持一定距离，两手肘部放在桌面上，如图 2-2 所示。

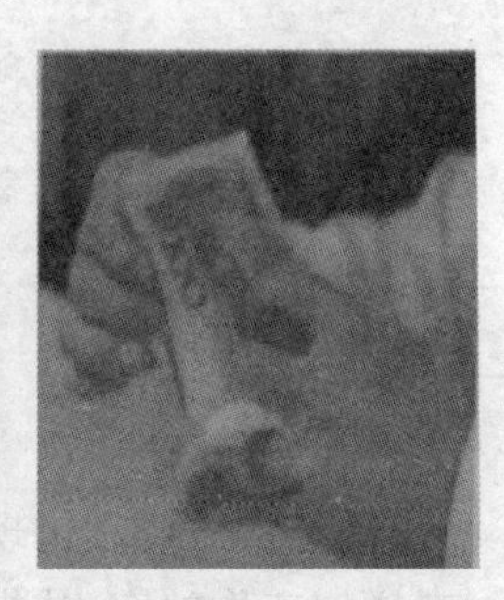

图 2-2　手持式单指单张点钞法

4）手持式单指多张点钞法　指在手持式单指单张点钞法的基础上单指一次捻下几张钞票，方法与手持式单指单张点钞法基本相同。

5）手持式多指多张点钞法　指点钞时用小指、无名指、中指、食指依次捻下一张钞票，一次清点四张钞票的方法，也称为手持式四指拨动点钞法。一次清点五张钞票的方法也称为手持式五指拨动点钞法。这两种方法银行较常用，如图 2-3 所示。

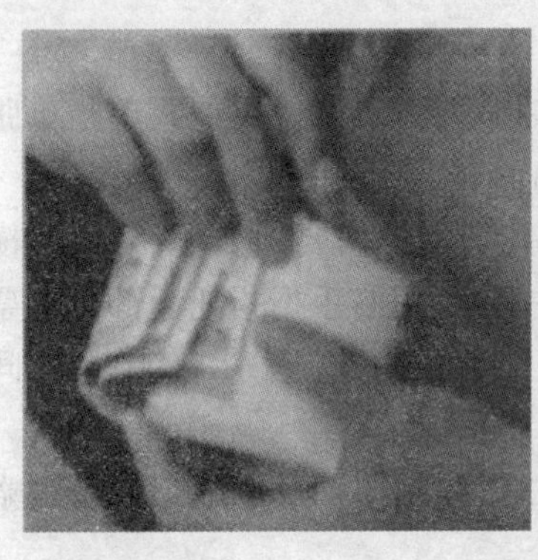

图 2-3　手持式多指多张点钞法

6）扇面式点钞法　指把钞票碾成扇面状进行清点的方法，在手工点钞中效率最高，但对技术要求较高，一般只适合清点新票币，如图 2-4 所示。

2. 机器点钞

机器点钞指使用点钞机进行自动点钞，目前在银行、单位财务部门应用广泛。点钞机一

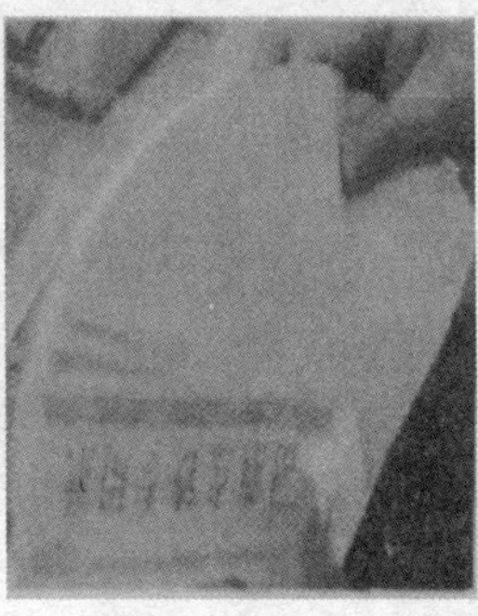
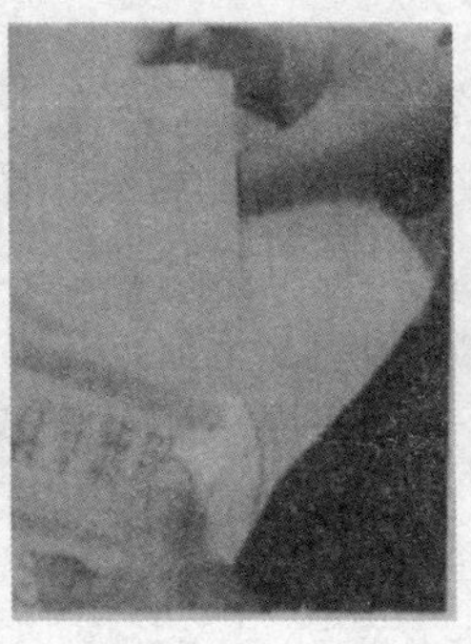
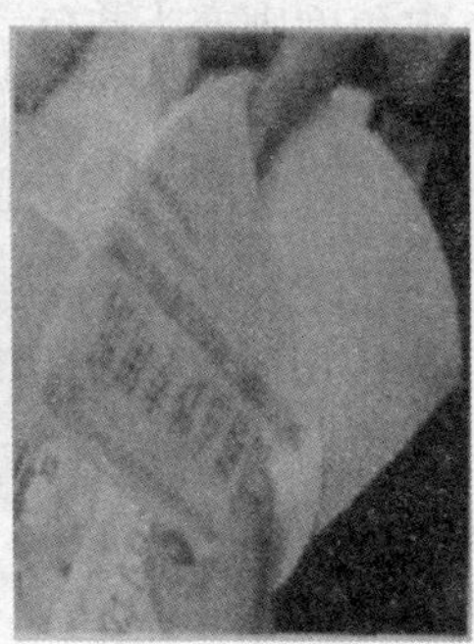

图 2-4 扇面式点钞法

般带有伪钞识别功能，集点钞与识别真伪钞票功能于一体。

点钞机的使用非常简便，点钞时先将钞票整理整齐，按不同的面值分开并清除钞票上粘贴物及污染物，再将钞票均匀摊开成小斜坡状放入滑钞板进口处，机器自动清点，如图 2-5 所示。

图 2-5 机器点钞

(二) 验钞技术

鉴别人民币真伪，以新版 100 元券为例，即使在没有验钞机的情况下，也能通过眼观、耳听、手摸，准确地进行。这里介绍 10 种公众防伪措施：

1) 人像水印　位于票面正面左侧空白处，迎光透视，可见与主景人像相同、立体感很强的头像水印。

2) 红、蓝彩色纤维　在票面的空白处，可看到纸张中有红色和蓝色的纤维。

3) 磁性微文字安全线　钞票纸中的安全线，迎光观察，可见"RMB100"微小字样。

4) 手工雕刻头像　票面正面主景头像，采用手工雕刻凹版印刷工艺，形象逼真、传神，凹凸感强，易于识别。

5) 隐形面额数字　票面正面右上方有一椭圆形图案，将钞票置于与眼睛接近平行的位置，面对光源作平面旋转 45 度或 90 度角，即可看到"100"字样。

6) 胶印缩微文字　票面正面上方椭圆形图案中，多处印有胶印缩微文字，在放大镜下可看到"RMB"和"RMB100"字样。

7) 光变油墨面额数字　票面正面左下方"100"字样，从票面垂直角度观察为绿色，倾斜一定角度则变为蓝色。

8）阴阳互补对印图案　票面正面左下方和背面右下方均有一圆形局部图案，迎光观察，正、背面图案组合成一个完整的古钱币图案。

9）雕刻凹版印刷　中国人民银行行名、盲文及背面主景人民大会堂等均采用雕刻凹版印刷，用手指触摸有明显的凹凸。

10）横竖双号码　票面正面采用横竖双号码印刷（均为两位冠字、八位号码）。横号码为黑色，竖号码为蓝色。此外，如果把人民币新版100元券用手指一弹，会听到清脆的响声。

三、训练要求

1）选择一到两种点钞方法，使用点钞币进行点钞练习。

2）拿一些人民币100元券进行观察，体会验钞技术。

训练二　银行单证填写训练

一、训练目的

出纳岗位经常需要与银行打交道，需要填制各类支票、汇票、交款单、收据等。本实训的目的就是让大家了解出纳岗位的工作业务和各项单证的填制要求。通过训练熟练填制方法及填制要求，掌握出纳工作技能。

二、银行单证填写介绍

根据实训资料，按照规定，填写出纳岗位日常工作常用的几种单证。为了使大家更好地完成工作任务，特附支票的填制要求。在填制前，应先阅读要求，再对照填写。

（一）支票的票样

常见支票分为现金支票、转账支票。在支票正面上方有明确标注。现金支票只能用于支取现金（限开户行），转账支票只能用于转账（限同城内）。

支票由支票存根和交给收款人的支票构成，分左右两边，中间用分割线分开。支票左边存根部分由开出支票单位做账，右边部分交给银行办理业务。支票的样式如表2-1、表2-2所示。

表 2-1　中国工商银行现金支票

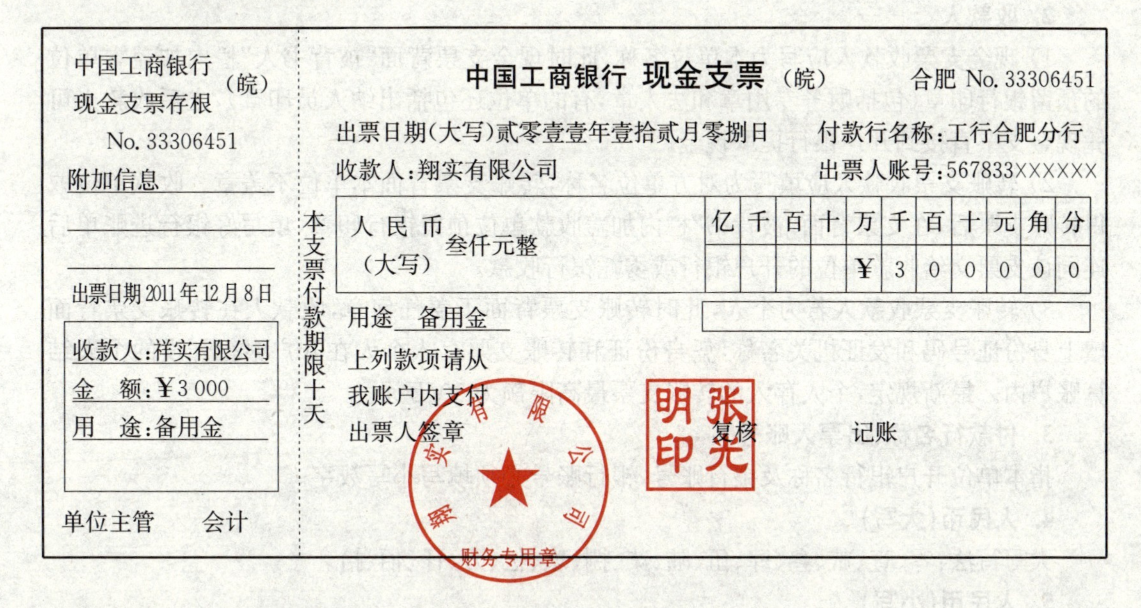

中国工商银行（皖）
现金支票存根
No. 33306451
附加信息
出票日期 2011 年 12 月 8 日
收款人：祥实有限公司
金　额：￥3 000
用　途：备用金
单位主管　　会计

本支票付款期限十天

中国工商银行 现金支票（皖）　　合肥 No. 33306451
出票日期（大写）贰零壹壹年壹拾贰月零捌日　　付款行名称：工行合肥分行
收款人：翔实有限公司　　出票人账号：567833××××××

人民币（大写）	亿	千	百	十	万	千	百	十	元	角	分
叁仟元整					￥	3	0	0	0	0	0

用途 备用金
上列款项请从
我账户内支付
出票人签章　　复核　　记账

翔实有限公司 财务专用章

张光明印

表 2-2　中国工商银行转账支票

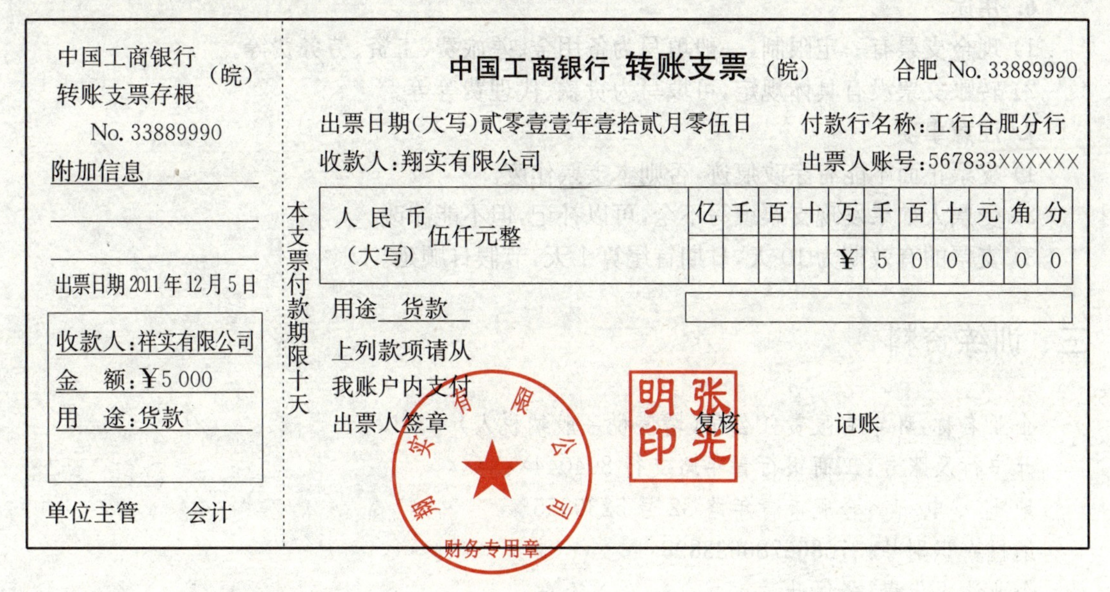

中国工商银行（皖）
转账支票存根
No. 33889990
附加信息
出票日期 2011 年 12 月 5 日
收款人：祥实有限公司
金　额：￥5 000
用　途：货款
单位主管　　会计

本支票付款期限十天

中国工商银行 转账支票（皖）　　合肥 No. 33889990
出票日期（大写）贰零壹壹年壹拾贰月零伍日　　付款行名称：工行合肥分行
收款人：翔实有限公司　　出票人账号：567833××××××

人民币（大写）	亿	千	百	十	万	千	百	十	元	角	分
伍仟元整					￥	5	0	0	0	0	0

用途 货款
上列款项请从
我账户内支付
出票人签章　　复核　　记账

翔实有限公司 财务专用章

张光明印

（二）支票的填写

支票的主要填写项目就是出票日期、收款人、付款行名称、出票人账号、人民币（大写）、人民币（小写）、用途等。

1. 出票日期

数字必须大写，比如 2011 年 12 月 5 日要填写为贰零壹壹年壹拾贰月零伍日。

1）壹月、贰月前零字必写，叁月至玖月前零字可写可不写。拾月、拾壹月、拾贰月必须写成壹拾月、壹拾壹月、壹拾贰月（前面多写了零字也认可，如零壹拾月）。

2）壹日至玖日前零字必写，拾日至拾玖日必须写成壹拾日及壹拾×日（前面多写了零字也认可,如零壹拾伍日)。

2. 收款人

1) 现金支票收款人应写为本单位名称,此时现金支票背面“被背书人”栏内加盖本单位的预留银行印章(包括财务专用章和法人章,有的单位还包括出纳人员印章),之后收款人可凭现金支票直接到开户银行提取现金。

2) 转账支票收款人应填写为对方单位名称,转账支票背面本单位不盖章。收款单位取得转账支票后,在支票背面“被背书”栏内加盖收款单位预留银行印章,填写好银行进账单后连同该支票交给收款单位的开户银行或委托银行收款。

3) 转账支票收款人若为个人,此时转账支票背面不盖任何章,收款人在转账支票背面填上身份证号码和发证机关名称,凭身份证和转账支票存入个人在开户银行开设的个人结算账户内。最新规定,个人存入的转账支票最高限额为50万元。

3. 付款行名称、出票人账号

指本单位开户银行名称及银行账号,银行账号必须填写小写数字。

4. 人民币(大写)

大写写法:零、壹、贰、叁、肆、伍、陆、柒、捌、玖、亿、万、仟、佰、拾。

5. 人民币(小写)

最高金额的前一位空白格用“¥”填写,数字填写要求完整清楚。

6. 用途

1) 现金支票有一定限制,一般填写为备用金、差旅费、工资、劳务费等。

2) 转账支票没有具体规定,可填写为货款、代理费等等。

7. 注意事项

1) 支票正面不能有涂改痕迹,否则本支票作废。

2) 受票人如果发现支票填写不全,可以补记,但不能涂改。

3) 支票的有效期为10天,日期首尾算1天,节假日顺延。

三、训练资料

企业名称:环宇有限责任公司(增值税一般纳税人)

开户行及账号:工商银行青年路支行804044XXXXXX

地 址 、电 话 :合肥市青年路32号5230355

纳税人识别号:370866786633898

企业法人代表:张保升

会计:朱田　　出纳:王慧文　　会计主管:张成

2011年6月发生的有关交易或事项如下:

1) 6月1日,开出现金支票从银行提取2 000元现金备用。要求填制现金支票(有关支票填制方法见训练说明),如表2-3所示。

表 2-3　中国工商银行现金支票

中国工商银行（皖）
现金支票存根
No. ××××××××
附加信息
出票日期　年　月　日
收款人：
金　额：
用　途：
单位主管　　会计

本支票付款期限十天

中国工商银行 现金支票（皖）　合肥 No. ××××××××

出票日期(大写)　年　月　日　　付款行名称：
收款人：　　出票人账号：

人民币（大写）	亿	千	百	十	万	千	百	十	元	角	分

用途
上列款项请从
我账户内支付
出票人签章　　复核　　记账

2）6 月 2 日，开出转账支票 20 000 元，支付行政部李刚住院费。要求填制转账支票，医院为立新医院，如表 2-4 所示。

3）6 月 3 日，用信汇归还前欠东信有限公司货款 30 000 元（东信有限公司在合肥市；开户行：农业银行包河支行；账号：601011××××××）。要求填制信汇凭证，如表 2-5 所示。

表 2-4　中国工商银行转账支票

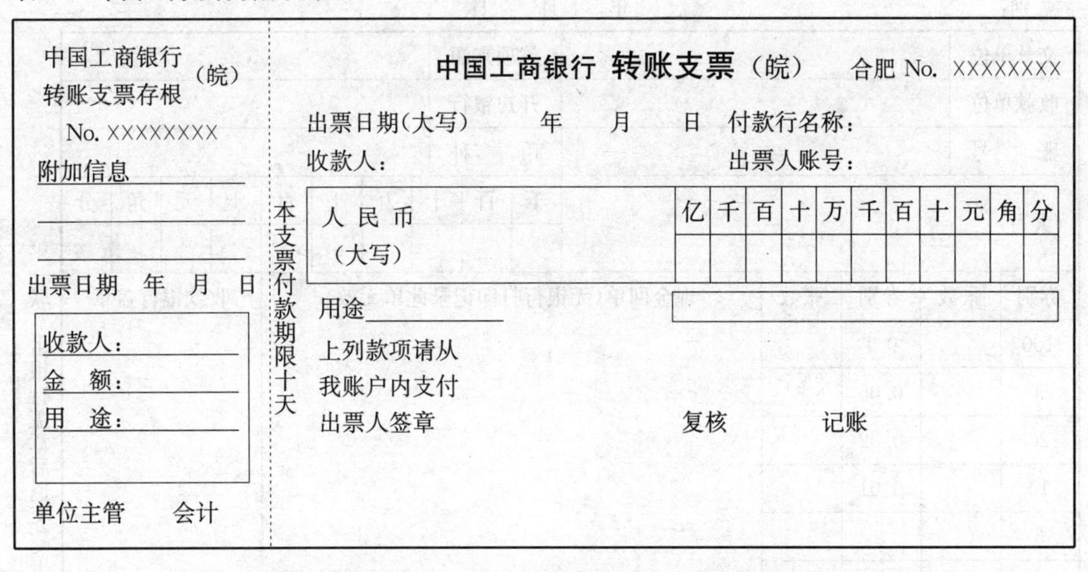

中国工商银行（皖）
转账支票存根
No. ××××××××
附加信息
出票日期　年　月　日
收款人：
金　额：
用　途：
单位主管　　会计

本支票付款期限十天

中国工商银行 转账支票（皖）　合肥 No. ××××××××

出票日期(大写)　年　月　日　付款行名称：
收款人：　　出票人账号：

人民币（大写）	亿	千	百	十	万	千	百	十	元	角	分

用途
上列款项请从
我账户内支付
出票人签章　　复核　　记账

4）6 月 6 日，出纳员将当天的销售款 85 600 元现金（其中面额 100 元的 700 张，面额 50 元的 300 张，面额 10 元的 60 张）存入银行。要求填制银行现金交款单，如表 2-6 所示。

5）6 月 9 日，行政部王立宏交回现金 3 000 元冲销借款。要求开出收据一张，如表 2-7 所示。

6）6 月 10 日，向个人出售库存材料甲 10 吨，每吨 800 元（含增值税），收到现金。要求开出零售发票，如表 2-8 所示。

表 2-5　中国工商银行信汇凭证

中国工商银行 信汇凭证（回单）1

委托日期　　年　月　日

汇款人	全　　称		收款人	全　　称											
	账　　号			账　　号											
	汇出地点			汇入地点											
汇出行名称			汇入行名称												
金额	人民币（大写）		亿	千	百	十	万	千	百	十	元	角	分		
汇出行签章			支付密码												
			附加信息及用途：												
			复核：　记账：												

此联是汇出行给汇款人的回单

表 2-6　中国工商银行现金交款单

中国工商银行 现金交款单

账别：　　　　年　月　日

交款单位				款项来源										
收款单位				开户银行										
账　　号				币　　种										
（大写）				千	百	十	万	千	百	十	元	角	分	
券别	张数	券别	张数	现金回单（无银行打印记录此单无效）						收款银行盖章				
100		0.1												
50		0.05												
20		0.02												
10		0.01												
5														
2														
1														
0.5														
0.2														
0.1														

第一联　由银行盖章后退交款单位

表 2-7　统一收款收据

统一收款收据（三联单）

第二联：收据　　　　年　月　日　　　　NO. ××××××

交款单位或交款人		收　款方　式	现金
事　由______ 金额（人民币大写）：______¥			备注：

收费收据使用说明：不得作行政事业性

收款单位（盖章）：　　　　收款人（签章）：

表 2-8　商品销售统一发票

×××商品销售统一发票

（印章：统一发票监制　税务局监制）

客户名称及地址：　　　　年　月　日填制

品名规格	单　位	数　量	单　价	金　额						
				万	千	百	十	元	角	分
合　计										
合计金额（大写）　万　仟　佰　拾　元　角　分										

第二联　发票联

填票人：　　　　收款人：　　　　单位名称（盖章）：

7) 6 月 12 日，向东方明珠有限公司销售 A 产品 800 件，单价 200 元（不含增值税），开出增值税专用发票，收到对方的转账支票。要求填写增值税专用发票和银行进账单，如表 2-9、表2-10所示。（东方明珠有限公司，纳税人识别号：3708662346633898，地址、电话：合肥市幸福路 16 号 6230355，开户行及账号：工商银行红旗路支行 560101××××××）

表 2-9　增值税专用发票

××增值税专用发票

发票联　　　　开票日期：

购货单位	名　　称： 纳税人识别号： 地 址 、电 话 ： 开户行及账号：	密码区	6+—〈2〉6〉927+296+/＊加密版本:01 446〈600375〈35〉〈4/＊　37009931410 2—2〈2051+24+2618〈7　07050445 /3—15〉〉09/5/—1〉〉〉+2

货物或应税劳务名称	规格型号	单 位	数 量	单 价	金　额	税 率	税 额
合　计							
价税合计(大写)					(小写)		

销货单位	名　　称： 纳税人识别号： 地 址 、电 话 ： 开户行及账号：	备注	

收款人：　　复核：　　开票人：　　销货单位:(章)

第三联：发票联　购货方记账凭证

注:增值税专用发票一式三联,第一联记账联,第二联抵扣联,第三联发票联。

表 2-10　中国工商银行进账单

中国工商银行 进账单（收账通知）3

年　　月　　日　　　　第　　号

出票人	全　　称		收款人	全　　称										
	账　　号			账　　号										
	开户银行			开户银行										
金额	人民币 (大写)			千	百	十	万	千	百	十	元	角	分	
票据种类		票据张数												
票据号码														
单位主管　会计　复核　记账				收款人开户行鉴章										

此联是收款人开户行交给收款人收账通知

注:一般较大的企业,销售发票由销售部门填开,出纳人员只负责填开银行进账单;但小的企业,销售发票也可由财务人员填开。

实训三　会计岗位技能训练

除了出纳有一定的特殊性外，其他会计岗位的设置基本上是围绕会计核算工作和考虑内部控制的因素而设置的，主要的日常工作就是审核原始凭证、编制记账凭证、登记账簿、成本计算、编制会计报表。

训练一　填制并审核原始凭证

一、训练目的

在正确填写原始凭证的基础上，掌握原始凭证的审核。

二、训练资料

1）20××年 4 月 5 日，采购员王立赴北京洽谈业务，回来报销时，填写差旅费报销单并报领导批准，如表 3-1 所示。

表 3-1　差旅费报销单

差旅费报销单

部门：供应科　　　　填报日期 20××年 4 月 5 日

姓名			王立			出差事由		洽谈业务			出差自 日期至	年 4 月 1 日 年 4 月 4 日			共 4 天	
起讫时间及地点						车船票		夜间乘车补助费			出差乘补费			住宿费	其他	
月	日	起	月	日	讫	类别	金额	时间	标准	金额	日数	标准	金额	金额	摘要	金额
4	1	合肥	4	1	北京		130									
4	4	北京	4	4	合肥		130				3	15	45	440		
小　计							260				3	15	45	440		
总计金额	(大写)⊗仟柒佰肆拾伍元零角零分　预借 1 000　核销 745　退补 255															

附单据共叁张

主管：周娜　　　　部门：冯涛　　　　审核：　　　　填报人：王立

注：补助的天数计算应连头带尾，含出发的日期和回来的日期。

2）20××年4月9日，环宇有限责任公司销售A产品500件，单价200元，B产品500件，单价100元，开出增值税专用发票一份并将有关联交与东方明珠有限公司，同时收到该公司签发的转账支票一张，尚未送存银行，如表3-2、表3-3所示。

表3-2　增值税专用发票

××增值税专用发票

此联不作报销、扣税凭证使用　　开票日期：20××年4月9日

购货单位	名　　称：东方明珠有限公司 纳税人识别号：370866234663389 8 地 址 、电 话：合肥市幸福路16号6230355 开户行及账号：红旗路支行560101××××××				密码区	6+－〈2〉6〉927+296+/＊加密版本：01 446〈600375〈35〉〈4/＊　37009931410 2－2〈2051+24+2618〈7　07050445 /3－15〉〉09/5/－1〉〉〉+2		
货物或应税劳务名称	规格型号	单位	数量	单价	金额	税率	税额	
A产品		件	500	200.00	100 000.00	17%	17 000.00	
B产品		件	100	500.00	50 000.00		8 500.00	
合　计					￥150 000.00		￥25 500.00	
价税合计（大写）	⊗拾柒万伍仟伍佰元				（小写）￥175 500.00			
销货单位	名　　称：环宇有限责任公司 纳税人识别号：370866786633898 地 址 、电 话：合肥市青年路32号5230355 开户行及账号：工行青年路支行804044××××××				备注	环宇有限责任公司财务专用章		

第一联：记账联　销货方记账凭证

收款人：　　复核：　　开票人：张强　　销货单位：（章）

表3-3　中国工商银行转账支票

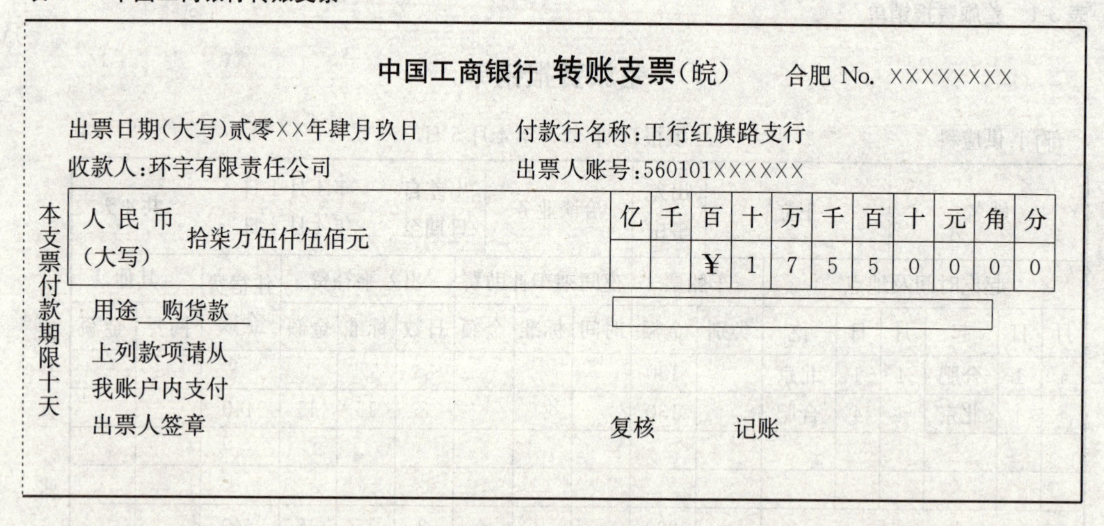

中国工商银行 **转账支票**（皖）　　合肥 No. ××××××××

出票日期（大写）贰零××年肆月玖日　　付款行名称：工行红旗路支行

收款人：环宇有限责任公司　　出票人账号：560101××××××

本支票付款期限十天

人民币（大写）	拾柒万伍仟伍佰元	亿	千	百	十	万	千	百	十	元	角	分
				￥	1	7	5	5	0	0	0	0

用途　购货款

上列款项请从

我账户内支付

出票人签章　　复核　　记账

3）20××年4月10日，签发现金支票一张，金额38 566.30元，从银行提取现金以备发工资，如表3-4所示。

表 3-4　中国工商银行转账支票

中国工商银行 转账支票存根（皖） No. ×××××××× 附加信息 出票日期 20××年 4 月 10 日 收款人： 金　额：¥38 566.30 用　途：发工资 单位主管　　会计	本支票付款期限十天	**中国工商银行 转账支票**（皖）　合肥 No. ×××××××× 出票日期（大写）贰零××年肆月拾日　付款行名称：工行青年路支行 收款人：环宇有限责任公司　出票人账号：560101×××××× 人民币（大写）叁万捌仟伍佰陆拾陆元叁角 亿 千 百 十 万 千 百 十 元 角 分 　　　¥ 3 8 5 6 6 3 0 用途　发工资 上列款项请从 我账户内支付 出票人签章　　　　复核　　　记账

4）20××年 4 月 18 日，办公室职员张明拿来发票一张，报销购买笔记本、钢笔等办公用品费用，如表 3-5 所示。

表 3-5　商品销售统一发票

×××商品销售统一发票

客户名称及地址：环宇有限责任公司　　20××年 4 月 18 日填制

品名规格	单位	数量	单价	金额							
				万	千	百	十	元	角	分	第二联
笔记本	本	20	6.00			1	2	0	0	0	
钢　笔	支	12	13.80			1	6	5	6	0	发票联
合　计					¥	2	8	5	6	0	
合计金额（大写）贰佰捌拾伍元陆角零分											

填票人：刘静　　　收款人：王丽　　　单位名称（盖章）：

三、训练要求

1. 审核原始凭证

以有关的法令、制度及计划等为依据对每一笔交易或事项所涉及的原始凭证进行审核，审查原始凭证所反映的交易或事项是否合理合法，同时审查原始凭证的内容是否完整、各项目填列是否齐全、数字计算是否正确以及出票日期的填写是否正确等。

2. 指出存在的问题

每一笔交易或事项所取得或填写的原始凭证中，至少有一处或多处错误或不完整。认真审核后指出其中存在的问题并改正。

训练二 填制并审核记账凭证

一、训练目的

通过训练,使学生掌握记账凭证的基本内容和填制方法,在此基础上掌握记账凭证审核的内容和基本方法。

二、训练资料

企业名称:环宇有限责任公司(增值税一般纳税人)
开户行及账号:工商银行青年路支行 804044XXXXXX
地址、电话:合肥市青年路 32 号 5230355
纳税人识别号:370866786633898
法人代表:张保升
会计:朱田 出纳:王慧文 会计主管:张成

(一) 筹资与供应过程

1. 交易或事项

1) 20XX年 12 月 1 日,环宇有限责任公司接受安通机械有限公司投入货币资金300 000元(已存入银行存款账户中),投入的固定资产机床经评估确认价值为 200 000 元。相关单据如表 3-6 至表 3-9 所示。

2) 20XX年 7 月 21 日,环宇有限责任公司向银行借入期限为 5 个月的借款60 000元,年利率为 6%,款项已经划入银行存款账户。相关单据如表 3-10 至表 3-12 所示。

3) 20XX年 12 月 2 日,环宇有限责任公司向银行借入期限为 3 年的借款 300 000 元,年利率为 9%,该借款准备用于购买机器设备,如表 3-13 所示。

4) 20XX年 12 月 6 日环宇有限责任公司向宏达机械厂购买车床一台,买价30 000元,运杂费 760 元,开出支票支付货款及运杂费。相关单据如表 3-14 至表 3-18 所示。

表 3-6　投资协议书

投资协议书

20××年 12 月 1 日

投资单位	安通机械有限公司(甲方)	接受单位	环宇有限责任公司(乙方)
账号或地址	456788××××××	账号或地址	804044×××××× 合肥市青年路 32 号
开户银行	工行人民路支行	开户银行	工行青年路支行
投资金额	人民币(大写):伍拾万元整		
协议条款	经双方友好协商达成如下协议: 1. 投资期限 5 年; 2. 在投资期限内甲方不得抽回投资; 3. 在投资期限内乙方保证甲方投资保值和增值; 4. 在投资期限内乙方应按利润分配规定支付甲方利润; 5. 未尽事宜另行商定。 甲方代表签字:丰国平　　乙方代表签字:张强		

（印章：安通机械有限公司 财务专用章；环宇有限责任公司 财务专用章）

表 3-7　中国工商银行进账单

中国工商银行 **进账单**（回单）1

20××年 12 月 1 日

出票人	全　　称	安通机械有限公司		收款人	全　　称	环宇有限责任公司									
	账　　号	456788××××××			账　　号	804044××××××									
	开户银行	工行人民路支行			开户银行	工行青年路支行									
金额	人民币(大写)	叁拾万元整				千	百	十	万	千	百	十	元	角	分
							¥	3	0	0	0	0	0	0	0
票据种类	转账支票	票据张数	1	收款人开户行鉴章:（工商银行青年路支行 20XX.XX.XX 转讫）											
票据号码															
单位主管	会计	复核	记账												

此联是开户银行交给出票人的回单

表 3-8 统一收款收据

统一收款收据（三联单）

第三联：记账依据　　20××年 12 月 1 日　　NO. ××××××

交款单位或交款人	安通机械有限公司	收款方式	转账支票
事由　投资		备注： 投资期 5 年	
金额（人民币大写）：叁拾万元整　　¥300 000.00			

收款单位（盖章）：环宇有限责任公司财务专用章　　收款人（签章）：王慧文

说明：不得作行政事业性收费收据使用

表 3-9 固定资产验收单

固定资产验收单

20××年 12 月 1 日

名称	单位	数量	价格	预计使用年限	使用部门
机床	台	1	200 000.00	10	车间
备注					

制单：陈晓　　审核：王海

表 3-10 中国工商银行借款凭证

中国工商银行 借款凭证（代回单）

20××年 7 月 21 日

借款单位名称		环宇有限责任公司	放款账号：7-12	往来账号：804044××××××		
借款金额		人民币（大写）陆万元整		¥60 000.00		
种类	生产周转借款	单位提出期限	自 20××年 7 月 21 日至 20××年 12 月 20 日止		利率	6%
		银行核定期限	自 20××年 7 月 21 日至 20××年 12 月 20 日止			
上列借款已收入你单位往来户内 单位（银行签章） 工商银行青年路支行 20XX.XX.XX 转讫			单位会计分类			

第四联 交借款单位

表 3-11　中国工商银行人民币计息通知单

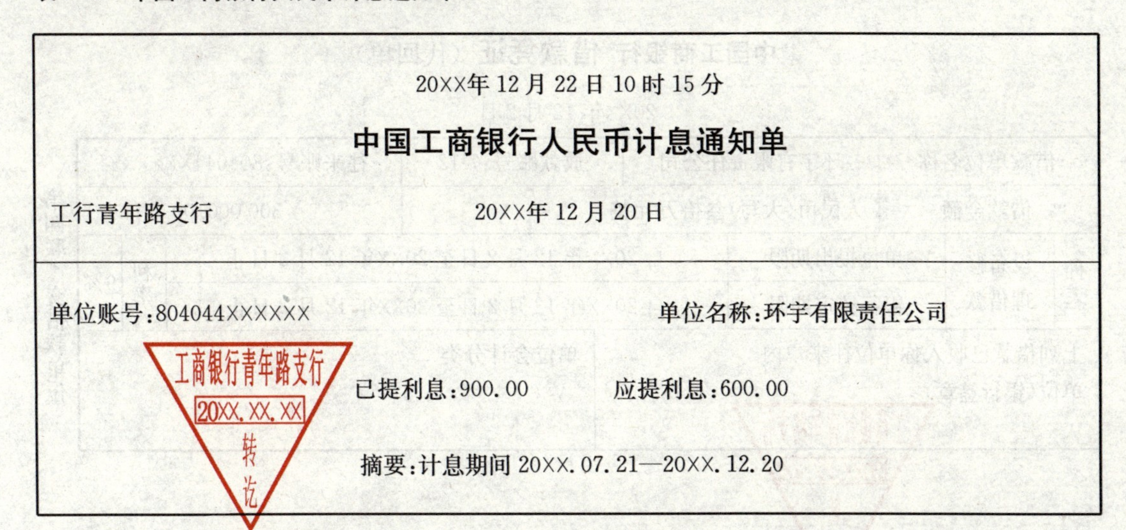

20××年 12 月 22 日 10 时 15 分

中国工商银行人民币计息通知单

工行青年路支行　　　　20××年 12 月 20 日

单位账号:804044××××××　　　　单位名称:环宇有限责任公司

工商银行青年路支行 20XX.XX.XX 转讫

已提利息:900.00　　　　应提利息:600.00

摘要:计息期间 20××.07.21—20××.12.20

表 3-12　借款偿还凭证

借款偿还凭证（传票回单）

代号:343

借款单位名称	环宇有限责任公司	放款编号		存款编号	804044××××××							
偿还借款金额	（大写）人民币陆万元整			十	万	千	百	十	元	角	分	
				¥	6	0	0	0	0	0	0	
请(已)从　　号账户内(以现金)付出归还(收回)上列款项 工商银行青年路支行 20XX.XX.XX 转讫 单位(银行签章)				记账日期　20××年 12 月 22 日 借＿＿＿＿¥＿＿元 贷＿＿＿＿¥＿＿元 贷＿＿＿＿¥＿＿元 日记账(主管)　复核(会计)　记账								

表 3-13　中国工商银行借款凭证

中国工商银行 借款凭证（代回单）

20××年 12 月 2 日

借款单位名称		环宇有限责任公司	放款账号:7-12	往来账号:804044××××××		
借款金额		人民币(大写)叁拾万元整		￥300 000.00		
种类	设备修理借款	单位提出期限	自 20××年 12 月 2 日至 20××年 12 月 2 日止		利率	9%
		银行核定期限	自 20××年 12 月 2 日至 20××年 12 月 2 日止			
上列借款已收入你单位往来户内 单位(银行签章)			单位会计分类			

第四联　交借款单位

工商银行青年路支行 20XX.XX.XX 转讫

表 3-14　公路货运专用发票

×××公路货运专用发票(乙)

发票联

发货单位:宏达机械厂　　地址:潜山路　　电话:5636589　　20××年 12 月 6 日

卸货地点	青年路 32 号			收货单位		环宇有限责任公司				地址	青年路	电话	5639866
货物名称	包装	件数	实际重量	计费运输量		货物等级	计费里程	运费率	运费金额	其他费用		运杂费小计	
				吨	吨公里					费目	金额		
车床									680.00	装卸费	80.00	760.00	
运杂费合计	(人民币大写)零万零仟柒佰陆拾元零角零分　　￥760.00												
备注													

第二联　发票联

填票人:　　　　收款人:王铭强　　　　单位名称(盖章):

××市货运公司 发票专用章

表 3-15　工业统一发票

××× 工业统一发票

发 票 联

客户名称及地址：环宇有限责任公司

品名及项目	规格	单位	数量	单价	金额								备注
					十	万	千	百	十	元	角	分	
车　床		台	1	30 000		3	0	0	0	0	0	0	
合　计					¥	3	0	0	0	0	0	0	
合计金额(大写)叁万零仟零佰零拾零元零角零分													

第二联　发票联

填票人：　　　收款人：张辉　　　单位名称(盖章)：

宏达机械厂 发票专用章

表 3-16　中国工商银行转账支票存根

中国工商银行（皖）
转账支票存根

NO. ××××××××

附加信息

出票日期 20××年 12 月 6 日

收款人：××市货运二公司
金　额：¥760.00
用　途：付运杂费

单位主管　　会计 王慧文

表 3-17　中国工商银行转账支票存根

中国工商银行（皖）
转账支票存根

NO. ××××××××

附加信息

出票日期 20××年 12 月 6 日

收款人：宏达机械厂
金　额：¥30 000.00
用　途：付设备款

单位主管　　会计 王慧文

表 3-18　固定资产验收单

固定资产验收单

20××年 12 月 8 日

名　称	单　位	数　量	价　格	预计使用年限	使用部门
车　床	台	1	30 712.40	10	车　间
备注					

制单：陈晓　　　审核：王海

5）20××年 12 月 6 日，环宇有限责任公司向红旗钢铁有限责任公司购进圆钢 12 吨，每吨 5 000 元，增值税进项税 10 200 元，开出转账支票付款，发生运费 1 000 元，材料已到达并验收入库。有关原始凭证如表 3-19 至表 3-22 所示。

表 3-19　中国工商银行转账支票存根

中国工商银行
转账支票存根（皖）

NO. ××××××××

附加信息＿＿＿＿＿＿＿＿

出票日期 20××年 12 月 6 日

收款人：红旗钢铁有限责任公司
金　额：￥71 200.00
用　途：购料

单位主管　　会计 王慧文

表 3-20　增值税专用发票

××增值税专用发票

发票联　　　　开票日期：20××年 12 月 6 日

购货单位	名　　称：环宇有限责任公司 纳税人识别号：370866786633898 地 址 、电 话：合肥市青年路 32 号 5230355 开户行及账号：工行青年路支行 804044××××××				密码区	6+—〈2〉6〉927+296+/＊加密版本:01 446〈600375〈35〉〈4/＊　37009931410 2—2〈2051+24+2618〈7　07050445 /3—15〉〉09/5/—1〉〉〉+2	
货物或应税劳务名称	规格型号	单位	数量	单价	金额	税率	税额
圆钢		吨	12	5 000	60 000.00	17%	10 200.00
合　计					￥60 000.00		￥10 200.00
价税合计（大写）	⊗柒万零两佰元整				（小写）￥70 200.00		
销货单位	名　　称：红旗钢铁有限责任公司 纳税人识别号：370863786263889 地 址 、电 话：马鞍山市红旗中路 8 号 3249586 开户行及账号：农行金家庄区支行 450101××××××				备注	红旗钢铁有限责任公司财务专用章	

收款人：　　　　复核：　　　　开票人：林强　　　　销货单位：（章）

第三联：发票联　购货方记账凭证

表 3-21 公路货运专用发票

×××公路货运专用发票(乙)

发 票 联

发货单位:红旗钢铁有限责任公司 地址:红旗中路 8 号 电话:3249586 20××年 12 月 6 日

卸货地点	青年路 32 号			收货单位		环宇有限责任公司			地址	青年路	电话	5639866
货物名称	包装	件数	实际重量	计费运输量		货物等级	计费里程	运费率	运费金额	其他费用		运杂费小计
				吨	吨公里					费目	金额	
圆 钢									1 000.00			1 000.00
运杂费合计	(人民币大写)壹仟元整 ¥1 000.00											
备注												

第二联 发票联

填票人: 收款人:王强 单位名称(盖章):

表 3-22 材料入库单

材料入库单

供应单位:红旗钢铁有限责任公司 20××年 12 月 6 日

发票号: 字第 号

材料类别	材料名称	规格材质	计量单位	应收数量	实收数量	单价	金额							
							十	万	千	百	十	元	角	分
	圆钢		吨	12	12	5 000		6	0	0	0	0	0	0
检验结果	检验员签章:			运杂费						9	3	0	0	0
				合 计			¥	6	0	9	3	0	0	0
备注														

三联 会计

仓库:李梅 材料会计:王海 收料员:张成 制单:陈晓

6) 20××年 12 月 8 日,环宇有限责任公司从威海钢铁厂购入生铁,款项已汇出,材料尚未到达,原始单据如表 3-23、表 3-24 所示。

表 3-23 增值税专用发票

××增值税专用发票

发 票 联　　　　开票日期:20××年 12 月 8 日

购货单位	名　　称:环宇有限责任公司 纳税人识别号:370866786633898 地 址 、电 话:合肥市青年路 32 号 5230355 开户行及账号:工行青年路支行 804044××××××				密码区	6+-〈2〉6〉927+296+/*加密版本:01 446〈600375〈35〉〈4/*　37009931410 2-2〈2051+24+2618〈7　07050445 /3-15〉〉09/5/-1〉〉〉+2		
货物或应税劳务名称	规格型号	单位	数量	单价	金额	税率	税额	
生铁		吨	20	3 500	70 000.00	17%	11 900.00	
合计					¥70 000.00		¥11 900.00	
价税合计(大写)	⊗捌万壹仟玖佰元整		(小写)¥81 900.00					
销货单位	名　　称:威海钢铁厂 纳税人识别号:370863786263889 地 址 、电 话:安庆市人民路 108 号 5660368 开户行及账号:农行人民路支行 3301011××××××				备注			

收款人:　　复核:　　开票人:张强　　销货单位:(章)　发票专用章

第三联：发票联　购货方记账凭证

表 3-24 中国工商银行信汇凭证

中国工商银行 信汇凭证(回单) 1

委托日期 20××年 12 月 8 日

汇款人	全　称	环宇有限责任公司	收款人	全　称	威海钢铁厂
	账　号	804044××××××		账　号	330101××××××
	汇出地点	省合肥市/县		汇入地点	省安庆市/县
汇出行名称		工商银行青年路支行	汇入行名称		农业银行人民路支行

金额	人民币(大写)	捌万壹仟玖佰元整	亿	千	百	十	万	千	百	十	元	角	分
						¥	8	1	9	0	0	0	0

汇出行签章	支付密码
工商银行青年路支行 20XX.XX.XX 转讫	附加信息及用途: 购买材料 复核:　　记账:

此联是汇出行给汇款人的回单

7）20××年 12 月 10 日，从威海钢铁厂购入生铁运到，如数验收入库，入库单如表 3-25 所示。

表 3-25　材料入库单

材料入库单

供应单位：威海钢铁厂　　　　20××年 12 月 10 日

发票号：　　　　　　　　　　　　　　字第　　号

材料类别	材料名称	规格材质	计量单位	应收数量	实收数量	单价	金额							
							十	万	千	百	十	元	角	分
	生铁		吨	20	20	3 500		7	0	0	0	0	0	0
检验结果　检验员签章：				运杂费										
				合　计			¥	7	0	0	0	0	0	0
备注														

第三联　会计

仓库：　　　材料会计：王海　　　收料员：周涛　　　制单：陈晓

8）20××年 12 月 18 日，签发转账支票偿还前欠兴达公司货款 10 000 元，并收到兴达公司开具的收款收据。支票存根和收款收据如表 3-26、表 3-27 所示。

表 3-26　中国工商银行转账支票存根

中国工商银行（皖）
转账支票存根

NO. ××××××××

附加信息

出票日期 20××年 12 月 18 日

收款人：兴达公司
金　额：¥10 000.00
用　途：偿还货款
单位主管　　会计 王慧文

9）20××年 12 月 20 日，环宇有限责任公司通过银行向光明公司信汇预付货款50 000元。信汇凭证如表 3-28 所示。

表 3-27 统一收款收据

统一收款收据（三联单）

第二联：收据　　20××年 12 月 18 日　　NO. ××××××

交款单位或交款人	环宇有限责任公司	收款方式	转账支票
事由 收回所欠货款 金额（人民币大写）：壹万元整 ¥10 000.00			备注：

收款单位（盖章）：　　收款人（签章）：

（印章：公 达 兴 司 发票专用章）

说明：收费收据使用不得作行政事业性收费收据

表 3-28 中国工商银行信汇凭证

中国工商银行 信汇凭证（回单）1

委托日期 20××年 12 月 20 日

汇款人	全称	环宇有限责任公司	收款人	全称	光明公司
	账号	804044××××××		账号	363031××××××
	汇出地点	省合肥市/县		汇入地点	省安庆市/县
汇出行名称		工商银行青年路支行	汇入行名称		农行安庆市分行

金额	人民币（大写）	伍万元整	亿	千	百	十	万	千	百	十	元	角	分
						¥	5	0	0	0	0	0	0

（印章：工商银行青年路支行 20××.××.×× 转讫）汇出行签章	支付密码
	附加信息及用途： 预付货款 复核：　记账：

此联是汇出行给汇款人的回单

10）20××年 12 月 26 日，环宇有限责任公司向鸿茂钢铁公司购进圆钢 15 吨，每吨5 000 元，购进生铁 10 吨，每吨 3 500 元，计价款 110 000 元，增值税 18 700 元，开出银行承兑汇票 128 700 元，以现金支付运杂费 900 元，材料验收入库。有关原始凭证如表 3-29 至表 3-32 所示。

表 3-29　增值税专用发票

××增值税专用发票

发 票 联　　　　开票日期：20××年 12 月 26 日

购货单位	名　　称：环宇有限责任公司 纳税人识别号：370866786633898 地 址 、电 话：合肥市青年路 32 号 5230355 开户行及账号：工行青年路支行 804044××××××	密码区	6+−〈2〉6〉927+296+/＊加密版本：01 446〈600375〈35〉〈4/＊　37009931410 2−2〈2051+24+2618〈707050445 /3−15〉〉09/5/−1〉〉〉+2

货物或应税劳务名称	规格型号	单 位	数 量	单 价	金　额	税 率	税 额
生　铁		吨	10	3 500	35 000.00	17%	5 900.00
圆　钢		吨	15	5 000	75 000.00	17%	12 750.00
合　　计					¥110 000.00		¥18 700.00
价税合计(大写)	⊗壹拾贰万捌仟柒佰元整				(小写)¥128 700.00		

销货单位	名　　称：鸿茂钢铁公司 纳税人识别号：370863786265559 地 址 、电 话：滁州市和平路 36 号 7880368 开户行及账号：中国银行和平路办事处 360235××××××	备注	(鸿茂钢铁公司 发票专用章)

收款人：　　复核：　　开票人：林芳　　销货单位：(章)

第三联：发票联　购货方记账凭证

表 3-30　材料入库单

材料入库单

供应单位：鸿茂钢铁公司　　　　20××年 12 月 26 日

发票号：　　　　字第　　号

材料类别	材料名称	规格材质	计量单位	应收数量	实收数量	单价	金额								
							百	十	万	千	百	十	元	角	分
	生铁		吨	10	10	3 500			3	5	0	0	0	0	0
	圆钢		吨	15	15	5 000			7	5	0	0	0	0	0
检验结果	检验员签章：			运杂费											
				合　计			¥	1	1	0	0	0	0	0	0
备注															

仓库：　　材料会计：　　收料员：周涛　　制单：

第三联　会计

表 3-31　公路货运专用发票

×××公路货运专用发票(乙)

发票联

发货单位:鸿茂钢铁公司　　地址:滁州市和平路 36 号　　电话:7880368　　20××年 12 月 26 日

卸货地点	青年路 32 号			收货单位		环宇有限责任公司				地址	青年路	电话	5639866
货物名称	包装	件数	实际重量	计费运输量		货物等级	计费里程	运费率	运费金额	其他费用		运杂费小计
				吨	吨公里					费目	金额	
圆钢			15									540.00
生铁			10									360.00
运杂费合计	(人民币大写)零万零仟玖佰零拾零元零角零分　¥900.00											
备注												

第二联 发票联

填票人:　　收款人:张劲　　单位名称(盖章):

注:明确的运费可以抵扣增值税,但未明确含杂费的运费是不能抵扣增值税的。

表 3-32　银行承兑汇票

银行承兑汇票(存根)

出票日期(大写)　贰零××年 壹拾贰 月 贰拾陆 日

出票人全称	环宇有限责任公司	收款人	全　称	鸿茂钢铁公司
出票人账号	804044××××××		账　号	360235××××××
付款行全称	工商银行青年路支行		开户银行	中国银行和平路办事处
出票金额	人民币(大写) 壹拾贰万捌仟柒佰元整		千百十万千百十元角分	¥ 1 2 8 7 0 0 0 0
汇票到期日(大写)	贰零××年叁月贰拾陆日	付款行	行号	4568
承兑协议编号	12378904566		地址	青年路 128 号
出票人签章		备注:	复核:	记账:

此联由出票人存查

2. 训练

1) 根据上述资料,填制记账凭证。

2) 审核记账凭证。从记账凭证是否附有原始凭证、所附原始凭证的内容与记账凭证的内容是否相符、记账凭证所反映的应借应贷关系是否正确、借贷金额是否相等、记账凭证规定项目是否填列齐全、有关人员是否签章等几个方面对记账凭证进行审核。

3. 准备资料

收款凭证 4 张；

付款凭证 8 张；

转账凭证 6 张。

（二）生产加工过程

1. 交易或事项

环宇有限责任公司 20××年 12 月份发生的有关交易或事项如下：

1）12 月 1 日，仓库发出材料供有关部门使用，领料单如表 3-33 至表 3-36 所示。

表 3-33　领料单

环宇有限责任公司领料单

领料部门：生产车间　　20××年 12 月 1 日

材料		单位	数量		单位成本	金额	过账
名称	规格		请领	实发			
圆钢		吨	4	4	4 000	16 000.00	
生铁		吨	3	3	3 000	9 000.00	
工作单号		用途	生产 450 型车床				
工作项目							

会计：　记账：　发料：王鹏　领料：腾飞

表 3-34　领料单

环宇有限责任公司领料单

领料部门：生产车间　　20××年 12 月 1 日

材料		单位	数量		单位成本	金额	过账
名称	规格		请领	实发			
圆钢		吨	3	3	4 000	12 000.00	
生铁		吨	2	2	3 000	6 000.00	
工作单号		用途	生产 465 型车床				
工作项目							

会计：　记账：　发料：王鹏　领料：腾飞

表 3-35 领料单

环宇有限责任公司领料单

领料部门:生产车间 20××年 12 月 1 日

材料		单位	数量		单位成本	金额	过账
名称	规格		请领	实发			
生铁		吨	1.6	1.6	3 000	4 800.00	
工作单号		用途	车间一般耗用				
工作项目							

会计: 记账: 发料:王鹏 领料:腾飞

表 3-36 领料单

环宇有限责任公司领料单

领料部门:计划科 20××年 12 月 1 日

材料		单位	数量		单位成本	金额	过账
名称	规格		请领	实发			
圆钢		吨	0.5	0.5	4 000	2 000.00	
工作单号		用途	行政管理使用				
工作项目							

会计: 记账: 发料:王鹏 领料:腾飞

2) 20××年 12 月 9 日,出纳员填制现金支票提取现金,准备发工资,支票存根如表 3-37 所示。

3) 20××年 12 月 9 日,以现金 140 000 元,发放本月职工工资,工资结算汇总表如表3-38 所示。

4) 20××年 12 月 16 日,办公室购买办公用品 870 元,开出支票付款,有关单据如表3-39、表 3-40 所示。

5) 20××年 12 月 18 日,开出转账支票支付车间设备修理费 1 170 元,有关单据如表3-41、表 3-42 所示。

6) 20××年 12 月 31 日,分配结转本月职工工资 140 000 元,其中,生产 450 型车床工人工资 60 000 元,生产 465 型车床工人工资 40 000 元,车间管理人员工资 23 500 元,行政管理部门 16 500 元,分配表如表 3-43 所示。

表 3-37　中国工商银行现金支票存根

中国工商银行（皖）
现金支票存根

NO. ××××××××

附加信息

出票日期 20××年 12 月 9 日

收款人:环宇有限责任公司
金　额:￥140 000.00
用　途:备发工资

单位主管　　会计 王慧文

表 3-38　工资结算汇总表

工资结算汇总表

20××年 12 月 9 日

部　门	计时工资	计件工资	工资性津贴	奖金	应扣工资		应付工资
					事假	病假	
生产 450 型车床		32 000	20 000	8 100	60	40	60 000.00
生产 465 型车床		28 000	10 000	2 000			40 000.00
车间管理人员	23 500						23 500.00
行政管理人员	16 500						16 500.00
合　计	40 000	60 000	30 000	10 100	60	40	140 000.00

表 3-39　商品销售统一发票

×××商品销售统一发票

客户名称及地址:环宇有限责任公司　　20××年 12 月 16 日填制

品名规格	单位	数量	单价	金额							备注
				万	千	百	十	元	角	分	
计算器	台	10	75			7	5	0	0	0	
笔记本	本	20	6			1	2	0	0	0	
合　计					￥	8	7	0	0	0	
合计金额(大写)捌佰柒拾元整											

第二联　发票联

填票人:刘名　　　收款人:王丽　　　单位名称(盖章):

发票专用章

表 3-40　中国工商银行转账支票存根

中国工商银行（皖） 转账支票存根 NO. ×××××××× 附加信息   出票日期 20××年 12 月 15 日
收款人：利群商厦
金　额：¥870.00
用　途：办公用品
单位主管　　会计 王慧文

表 3-41　增值税专用发票

××增值税专用发票

发 票 联　　　　开票日期：20××年 12 月 18 日

购货单位	名　　称：环宇有限责任公司 纳税人识别号：370866782801898 地 址 、电 话：合肥市青年路 32 号 5230355 开户行及账号：工行青年路支行 884044××××××				密码区	6+-〈2〉6〉869+296+/＊加密版本：01 446〈600375〈35〉〈4/＊　37009931410 2-2〈2051+24+2618〈7　07050445 /3-15〉〉09/5/-1〉〉〉+2	
货物或应税劳务名称	规格型号	单 位	数 量	单 价	金 额	税 率	税 额
修理流水线					1 000.00	17%	170.00
合　　计					¥1 000.00		¥170.00
价税合计(大写)	⊗壹仟壹佰柒拾元整				(小写)¥1 170.00		
销货单位	名　　称：黄海大修厂 纳税人识别号：370856586263889 地 址 、电 话：合肥市幸福路 108 号 5656368 开户行及账号：中国银行幸福支行 560102××××××				备注		

收款人：　　复核：　　开票人：吕营　　销货单位（章）

第三联：发票联　购货方记账凭证

表 3-42　中国工商银行转账支票存根

中国工商银行（皖）
转账支票存根

NO. ××××××××

附加信息

出票日期 20××年 12 月 18 日

收款人：黄海大修厂
金　额：¥1 170.00
用　途：支付修理费

单位主管　　会计 王慧文

表 3-43　工资费用分配汇总表

工资费用分配汇总表

20××年 12 月 31 日

车间、部门		应分配金额
车间生产人员工资	生产 450 型车床	60 000.00
	生产 465 型车床	40 000.00
	生产人员工资小计	100 000.00
车间管理人员		23 500.00
厂部管理人员		16 500.00
合　　计		140 000.00

7）20××年 12 月 31 日，按工资总额的 14％计提福利费，福利费计提如表 3-44 所示。

8）20××年 12 月 31 日，计提本月固定资产折旧费，折旧费用分配表如表 3-45 所示。

9）20××年 12 月 31 日，编制表 3-46 分配制造费用。

10）20××年 12 月 31 日，本月投产的 450 型车床 500 件，465 型车床 400 件，全部完工，结转其生产成本，有关单据如表 3-47 至表 3-49 所示。

表 3-44 福利费用计提表

福利费用计提表

20××年 12 月 31 日

车间、部门		工资总额	比例	福利费
车间生产人员工资	生产 450 型车床	60 000.00	14%	8 400.00
	生产 465 型车床	40 000.00	14%	5 600.00
	生产人员工资小计	100 000.00	14%	14 000.00
车间管理人员		23 500.00	14%	3 290.00
厂部管理人员		16 500.00	14%	2 310.00
合　计		140 000.00	14%	19 600.00

表 3-45 折旧费用分配表

折旧费用分配表

20××年 12 月 31 日

车间或部门	折旧额
生产车间	20 000.00
厂　部	4 000.00
合　计	24 000.00

表 3-46 制造费用分配表

制造费用分配表

20××年 12 月 31 日

产品名称	实用工时	分配率	分配金额
450 型车床	4 000		
465 型车床	6 000		
合计	10 000		

表 3-47 产品成本计算单

产品成本计算单

450 型车床　　20××年 12 月 31 日　　完工:500 件

项　目	直接材料	直接人工	制造费用	合　计
本月发生生产成本				
转完工产品成本				
完工产品单位成本				

表 3-48　产品成本计算单

产品成本计算单

465 型车床　　20××年 12 月 31 日　　完工:400 件

项　目	直接材料	直接人工	制造费用	合　计
本月发生生产成本				
转完工产品成本				
完工产品单位成本				

表 3-49　产成品入库单

产成品入库单

20××年 12 月 31 日

产品名称	计量单位	数　量	单位成本	金　额
450 型车床	件			
465 型车床	件			
合　计				

2. 训练

根据上述资料,填制记账凭证。

3. 准备资料

付款凭证 4 张;

转账凭证 7 张。

(三) 销售过程

1. 交易或事项

环宇有限责任公司 20××年 12 月份发生相关交易或事项,取得或填制的原始凭证如下:

1) 20××年 12 月 2 日,销售给远航公司 450 型车床 10 台,车床已发出,并向银行办妥托收手续。有关单据如表 3-50、表 3-51 所示。

2) 20××年 12 月 3 日,收到利群公司偿还前欠货款 15 000 元的转账支票一张,企业开具收款收据给利群公司,并填制进账单将款项送存银行。收款收据和进账单如表 3-52、表 3-53 所示。

表 3-50 增值税专用发票

××增值税专用发票

此联不作报销、扣税凭证使用　　开票日期:20××年 12 月 2 日

<table>
<tr><td rowspan="4">购货单位</td><td colspan="4">名　　称:远航公司</td><td rowspan="4">密码区</td><td colspan="3">6+—〈2〉6〉869+296+/ ＊ 加密版本:01
446〈600375〈35〉〈4/ ＊ 37055931410
2—2〈2051+24+2618〈7 09050445
/3—15〉〉09/5/—1〉〉〉+2</td></tr>
<tr><td colspan="4">纳税人识别号:370866786635598</td></tr>
<tr><td colspan="4">地 址 、电 话:合肥市望江路 16 号 5230333</td></tr>
<tr><td colspan="4">开户行及账号:工行望江路支行 560096××××××</td></tr>
<tr><td colspan="2">货物或应税劳务名称</td><td>规格型号</td><td>单 位</td><td>数 量</td><td>单 价</td><td>金 额</td><td>税 率</td><td>税 额</td></tr>
<tr><td colspan="2">450 型车床</td><td></td><td>台</td><td>10</td><td>7 000</td><td>70 000.00</td><td>17%</td><td>11 900.00</td></tr>
<tr><td colspan="2">合　计</td><td></td><td></td><td></td><td></td><td>¥70 000.00</td><td></td><td>¥11 900.00</td></tr>
<tr><td colspan="2">价税合计(大写)</td><td colspan="7">⊗捌万壹仟玖佰元整　　(小写)¥81 900.00</td></tr>
<tr><td rowspan="4">销货单位</td><td colspan="5">名　　称:环宇有限责任公司</td><td rowspan="4">备注</td><td colspan="2" rowspan="4">环宇有限责任公司财务专用章</td></tr>
<tr><td colspan="5">纳税人识别号:370866786633898</td></tr>
<tr><td colspan="5">地 址 、电 话:合肥市青年路 32 号 5230355</td></tr>
<tr><td colspan="5">开户行及账号:工行青年路支行 804044××××××</td></tr>
</table>

收款人:　　复核:　　开票人:王强　　销货单位:(章)

第一联:记账联 销货方记账凭证

表 3-51 托收凭证

托收凭证(受理回单)

委托日期 20××年 12 月 2 日

<table>
<tr><td colspan="2">业务类型</td><td colspan="8">委托收款(□邮划、□电划)　托收承付(□邮划、□电划)</td></tr>
<tr><td rowspan="3">付款人</td><td>全称</td><td colspan="3">远航公司</td><td rowspan="3">收款人</td><td>全称</td><td colspan="3">环宇有限责任公司</td></tr>
<tr><td>账号</td><td colspan="3">560096××××××</td><td>账号</td><td colspan="3">804044××××××</td></tr>
<tr><td>地址</td><td>省合肥市/县</td><td>开户行</td><td>工行</td><td>地址</td><td>省合肥市/县</td><td>开户行</td><td>工行</td></tr>
<tr><td>金额</td><td colspan="9">人民币(大写) 捌万壹仟玖佰元整　　亿 千 百 十 万 千 百 十 元 角 分: ¥ 8 1 9 0 0 0 0</td></tr>
<tr><td colspan="2">款项内容</td><td>货　款</td><td>托收凭据名称</td><td colspan="3">托收承付凭证(电划)</td><td>附寄单证张数</td><td colspan="2"></td></tr>
<tr><td colspan="2">商品发运情况</td><td colspan="3"></td><td colspan="2">合同名称号码</td><td colspan="3"></td></tr>
<tr><td colspan="3">备注:
复核　　记账</td><td colspan="3">款项收妥日期
年　月　日</td><td colspan="4">收款人开户银行签章
工商银行青年路支行 转讫
20××年 12 月 2 日</td></tr>
</table>

此联作收款人开户银行给收款人的受理回单

表 3-52　统一收款收据

统一收款收据（三联单）

第三联:记账依据　　20××年 12 月 3 日　　NO. ××××××

<table>
<tr><td>交款单位
或交款人</td><td>利群公司</td><td>收　款
方　式</td><td>现金</td></tr>
<tr><td colspan="3">事　由　偿还前欠货款

金额(人民币大写):壹万伍仟元整　¥15 000.00</td><td>备注:</td></tr>
</table>

收款单位(盖章):环宇有限责任公司财务专用章　　收款人(签章):王慧文

说明:收费收据不得作行政事业性

表 3-53　中国工商银行进账单

中国工商银行 进账单（收账通知）3

20××年 12 月 3 日　　第　　号

<table>
<tr><td rowspan="3">出票人</td><td>全　称</td><td>利群公司</td><td rowspan="3">收款人</td><td>全　称</td><td colspan="11">环宇有限责任公司</td></tr>
<tr><td>账　号</td><td>368885××××××</td><td>账　号</td><td colspan="11">804044××××××</td></tr>
<tr><td>开户银行</td><td>工行南大街支行</td><td>开户银行</td><td colspan="11">工行青年路支行</td></tr>
<tr><td rowspan="2">金额</td><td rowspan="2">人民币
(大写)</td><td rowspan="2" colspan="3">壹万伍仟元整</td><td>亿</td><td>千</td><td>百</td><td>十</td><td>万</td><td>千</td><td>百</td><td>十</td><td>元</td><td>角</td><td>分</td></tr>
<tr><td></td><td></td><td></td><td>¥</td><td>1</td><td>5</td><td>0</td><td>0</td><td>0</td><td>0</td><td>0</td></tr>
<tr><td colspan="2">票据种类　转账支票</td><td colspan="3">票据张数　1</td><td colspan="11" rowspan="3">工商银行青年路支行
20××.××.××
转讫
收款人开户行鉴章</td></tr>
<tr><td colspan="5">票据号码</td></tr>
<tr><td colspan="5">单位主管　会计　复核　记账</td></tr>
</table>

此联是收款人开户银行交给收款人的收账通知

3) 20××年 12 月 6 日,开出转账支票支付销售车床广告费 2 580 元,有关单据如表 3-54、表3-55所示。

表 3-54 电视台专用发票

××× 电视台专用发票

发 票 联

客户名称:环宇有限责任公司　　　20××年 12 月 16 日

品 名	项 目	金额 十	万	千	百	十	元	角	分	备注
	产品广告费			2	5	8	0	0	0	
合计人民币(大写):贰仟伍佰捌拾元整				¥2 580.00						

第二联 发票联

收款人:王雨　　　　单位名称(盖章):××电视台 发票专用章

表 3-55 中国工商银行转账支票存根

中国工商银行
转账支票存根(皖)

NO. ××××××××

附加信息

出票日期 20××年 12 月 6 日

收款人:×××电视台
金 额:¥2 580.00
用 途:广告费

单位主管　　会计 王慧文

4) 20××年 12 月 6 日,销售给百盛集团 465 型车床 20 台,百盛集团开出转账支票支付货款,有关单据如表 3-56、表 3-57 所示。

表 3-56　增值税专用发票

××增值税专用发票

此联不作报销、扣税凭证　　开票日期：20××年 12 月 6 日

购货单位	名　　称：百盛集团 纳税人识别号：370866786635598 地 址 、电 话 ：青岛市乐水路 16 号 6230355 开户行及账号：工行乐水路支行 568896××××××	密码区	6+一〈2〉6〉869+296+/ *　加密版本：01 446〈600375〈35〉〈4/ *　37055931410 2一2〈2051+24+2618〈7　09050445 /3一15〉〉09/5/一1〉〉〉　+2

货物或应税劳务名称	规格型号	单 位	数 量	单 价	金 额	税 率	税 额
465 型车床		台	20	8 000	160 000.00	17%	27 200.00
合　计					￥160 000.00		￥27 200.00
价税合计（大写）	⊗壹拾捌万柒仟贰佰元整				（小写）￥187 200.00		

销货单位	名　　称：环宇有限责任公司 纳税人识别号：370866786633898 地 址 、电 话 ：合肥市青年路 32 号 5230355 开户行及账号：工行青年路支行 804044××××××	备注	环宇有限责任公司财务专用章

收款人：　　复核：　　开票人：王强　　销货单位：（章）

第一联：记账联　销货方记账凭证

表 3-57　中国工商银行进账单

中国工商银行 进账单（收账通知）3

20××年 12 月 6 日　　第　　号

出票人	全　　称	百盛集团	收款人	全　　称	环宇有限责任公司
	账　　号	568896××××××		账　　号	804044××××××
	开户银行	工行乐水路支行		开户银行	工行青年路支行

金额	人民币（大写）	壹拾捌万柒仟贰佰元整	亿	千	百	十	万	千	百	十	元	角	分
					￥	1	8	7	2	0	0	0	0

票据种类	转账支票	票据张数	1
票据号码			
单位主管	会计	复核	记账

工商银行青年路支行 20××.××.×× 转讫

收款人开户行鉴章

此联是收款人开户银行交给收款人的收账通知

5）20××年 12 月 12 日，销售给诚信有限公司 450 型车床 10 台，收到一张面值为 81 900 元的商业承兑汇票，有关单据如表 3-58、表 3-59 所示。

表 3-58 增值税专用发票

××增值税专用发票

此联不作报销、扣税凭证 开票日期:20××年12月12日

购货单位	名称:诚信有限公司 纳税人识别号:370665524383398 地址、电话:济宁市华侨路18号 7230355 开户行及账号:工行迎祥路支行 560196××××××	密码区	6+—⟨2⟩6⟩927+296+/ * 加密版本:01 446⟨600375⟨35⟩⟨4/ * 37009931410 2—2⟨2051+24+2618⟨7 07050345 /3—15⟩⟩09/5/—1⟩⟩⟩ +2			
货物或应税劳务名称	规格型号	单位	数量	单价	金额	税率	税额
450型车床		台	10	7 000	70 000.00	17%	11 900.00
合计					¥70 000.00		¥11 900.00
价税合计(大写)	⊗捌万壹仟玖佰元整			(小写)¥81 900.00			
销货单位	名称:环宇有限责任公司 纳税人识别号:370866786633898 地址、电话:合肥市青年路32号 5230355 开户行及账号:工行青年路支行 804044××××××	备注	环宇有限责任公司财务专用章				

收款人: 复核: 开票人:林营 销货单位:(章)

第一联:记账联 销货方记账凭证

表 3-59 商业承兑汇票

商业承兑汇票

出票日期(大写) 贰零××年壹拾贰月壹拾贰日

付款人	全称	诚信有限公司	收款人	全称	环宇有限责任公司
	账号	560196××××××		账号	804044××××××
	开户银行	工行迎祥路支行		开户银行	工行青年路支行
出票金额	人民币(大写)	捌万壹仟玖佰元整	亿 千 百 十 万 千 百 十 元 角 分		¥ 8 1 9 0 0 0 0
汇票到期日(大写)	贰零××年叁月壹拾贰日		付款人开户行	行号	5568
交易合同号码	46678			地址	济宁市华侨路18号
本汇票已经承兑,到期无条件支付票款 承兑人签章 承兑日期 20××年12月12日			本汇票请予以承兑,于到期日付款 出票人签章		

(印章:中国工商银行迎祥路支行承兑专用章;陈印;诚信有限公司财务专用章)

此联持票人开户行随托收凭证寄付款人开户行作借方凭证附件

6）20××年 12 月 31 日，环宇有限责任公司销售圆钢 0.7 吨，单位售价 6 000 元，销售款 4 200元，销项增值税 714 元，款项已全部收取存入银行。有关单据如表 3-60、表 3-61 所示。

表 3-60　增值税专用发票

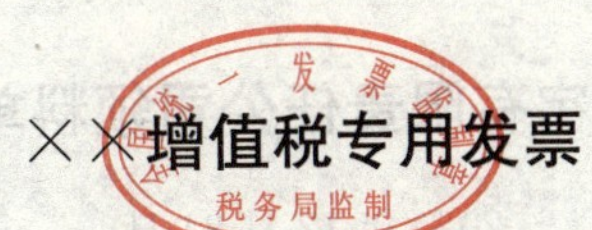

××增值税专用发票

此联不作报销、扣税凭证　　　开票日期：20××年 12 月 31 日

购货单位	名　　称：祥和公司 纳税人识别号：866786635598370 地 址 、电 话：包河路 16 号 2303556 开户行及账号：工行乐水路支行 565675××××××			密码区	6+－〈2〉6〉869+296+/ ＊　加密版本：01 446〈600375〈35〉〈4/ ＊　37055931410 2－2〈2051+24+2618〈7　09050445 /3－15〉〉09/5/－1〉〉〉　+2		
货物或应税劳务名称	规格型号	单位	数量	单价	金额	税率	税额
圆钢		吨	0.7	6 000	4 200.00	17%	714.00
合　计					￥4 200.00		￥714.00
价税合计（大写）	⊗肆仟玖佰壹拾肆元整				（小写）￥4 914.00		
销货单位	名　　称：环宇有限责任公司 纳税人识别号：370866786633898 地 址 、电 话：合肥市青年路 32 号 5230355 开户行及账号：工行青年路支行 804044××××××				备注	环宇有限责任公司财务专用章	

收款人：　　　复核：　　　开票人：李辉　　　销货单位：（章）

第一联：记账联　销货方记账凭证

表 3-61　中国工商银行进账单

中国工商银行 进账单（收账通知）3

20××年 12 月 31 日　　　第　　号

出票人	全　称	祥和公司	收款人	全　称	环宇有限责任公司
	账　号	565675××××××		账　号	804044××××××
	开户银行	工行乐水路支行		开户银行	工行青年路支行

金额	人民币（大写）	肆仟玖佰壹拾肆元整	亿	千	百	十	万	千	百	十	元	角	分
							￥	4	9	1	4	0	0

票据种类	转账支票	票据张数	1	
票据号码				工商银行青年路支行 20××.××.×× 转讫 收款人开户行鉴章
单位主管　会计　复核　记账				

此联是收款人开户银行交给收款人的收账通知

7）20××年 12 月 31 日环宇有限责任公司结转已销售圆钢的实际成本 3 150 元，有关单据如表 3-62 所示。

表 3-62 领料单

环宇有限责任公司领料单

领料部门：销售科　　　　20××年 12 月 31 日

材料		单位	数量		单位成本	金额	过账
名称	规格		请领	实发			
圆钢		吨	0.7	0.7	4 500	3 150.00	
工作单号		用途	销售材料				
工作项目							

会计：　　记账：　　发料：王鹏　　领料：张丽华

8）20××年 12 月 31 日，缴纳上月应交城建税和教育费附加 921.40 元，完税凭证如表 3-63所示。

表 3-63 税收电子转账专用完税证

中华人民共和国 税收电子转账专用完税证

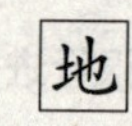

填发日期：20××年 12 月 31 日

税务登记代码	370866786633898		征收机关	××地税直属征收分局
纳税人全称	环宇有限责任公司		收款银行（邮局）	工（01531112569）
税（费）种		税款所属期间		实缴金额
股份制企业城建税 教育费附加		20××110120××1130 20××110120××1130		644.98 276.42
金额合计	（大写）玖佰贰拾壹元肆角整			￥921.40
税务机关（盖章）	收款银行（邮局）（盖章）	经手人（签章）	备注	电子缴税 00038638(27)

此凭证仅作纳税人完税凭证，此外无效

××地税直属征收分局 征税专用章

工商银行青年路支行 20××.××.×× 转讫

9）12 月 31 日，结转已销车床的实际成本，如表 3-64 所示。

表 3-64　发出产品汇总表

发出产品汇总表

20××年 12 月 31 日

产品名称	计量单位	销售数量	单位成本	总成本
450 型车床	台	20	4 000	80 000.00
465 型车床	台	20	4 800	96 000.00
合　计				176 000.00

2. 训练

根据上述资料，填制有关记账凭证。

3. 准备资料

收款凭证 4 张；

付款凭证 1 张；

转账凭证 4 张。

（四）供应、生产、销售过程综合

1. 训练资料

环宇有限责任公司 20××年 12 月份发生的交易或事项，取得如下原始凭证：

1）12 月 1 日，从金祥公司购入甲材料 1 300 千克，开出转账支票付款，材料尚未运到，有关单据如表 3-65、表 3-66 所示。

表 3-65　中国工商银行转账支票存根

中国工商银行（皖）
转账支票存根

NO. ××××××××

附加信息

出票日期 20××年 12 月 1 日

收款人：金祥公司
金　额：¥304 200.00
用　途：材料款

单位主管　　会计 王慧文

表 3-66　增值税专用发票

××增值税专用发票

发 票 联　　　　开票日期:20××年 12 月 1 日

购货单位	名　　称:环宇有限责任公司 纳税人识别号:370866786633898 地 址 、电 话:合肥市青年路 32 号 5230355 开户行及账号:工行青年路支行 804044××××××				密码区	6+-〈2〉6〉589+256+/ * 加密版本:01 446〈600375〈35〉〈4/ * 37008931410 2-2〈2051+24+2618〈7 07060445 /3-15〉〉09/5/-1〉〉〉+2		
货物或应税劳务名称	规格型号	单 位	数 量	单 价	金 额	税 率	税 额	
甲材料		千克	1 300	200	260 000.00	17%	44 200.00	
合　计					¥260 000.00		¥44 200.00	
价税合计(大写)	⊗叁拾万肆仟贰佰元整				(小写)¥304 200.00			
销货单位	名　　称:金祥公司 纳税人识别号:370833586263889 地 址 、电 话:合肥市宿松路 108 号 6660368 开户行及账号:农行宿松路支行 560180××××××				备注	环宇有限责任公司财务专用章		

收款人:　　　复核:　　　开票人:张文强　　　销货单位:(章)

第三联：发票联 购货方记账凭证

2) 12 月 1 日,仓库发出材料供有关部门使用,领料单见如表 3-67 至表 3-70 所示。

表 3-67　领料单

环宇有限责任公司领料单

领料部门:生产车间　　　　20××年 12 月 1 日

材料		单 位	数量		单位成本	金 额	过 账
名 称	规 格		请 领	实 发			
乙材料		千克	120	120	50	6 000.00	
工作单号		用 途	车间一般耗用				
工作项目							

会计:　　　记账:　　　发料:王彬　　　领料:肖华

表 3-68　领料单

环宇有限责任公司领料单

领料部门:生产车间　　　　20××年 12 月 1 日

材料		单位	数量		单位成本	金额	过账
名称	规格		请领	实发			
甲材料		千克	500	500	200	100 000.00	
乙材料		千克	1 000	1 000	50	50 000.00	
工作单号		用途	生产 A 产品				
工作项目							

会计:　　记账:　　发料:王彬　　领料:肖华

表 3-69　领料单

环宇有限责任公司领料单

领料部门:生产车间　　　　20××年 12 月 1 日

材料		单位	数量		单位成本	金额	过账
名称	规格		请领	实发			
甲材料		千克	750	750	200	150 000.00	
乙材料		千克	800	800	50	40 000.00	
工作单号		用途	生产 B 产品				
工作项目							

会计:　　记账:　　发料:王彬　　领料:肖华

表 3-70　领料单

环宇有限责任公司领料单

领料部门:生产车间　　　　20××年 12 月 1 日

材料		单位	数量		单位成本	金额	过账
名称	规格		请领	实发			
甲材料		千克	40	40	200	8 000.00	
工作单号		用途	管理部门一般耗用				
工作项目							

会计:　　记账:　　发料:王彬　　领料:周红

3）12 月 3 日，从金祥公司购入的甲材料运到企业并验收入库，入库单如表 3-71 所示。

表 3-71　材料入库单

材料入库单

供应单位：金祥公司　　　　20××年 12 月 3 日

发票号：　　　　字第　　号

材料类别	材料名称	规格材质	计量单位	应收数量	实收数量	单位成本	金额								
							百	十	万	千	百	十	元	角	分
	甲材料		千克	1 300	1 300	200		2	6	0	0	0	0	0	0
检验结果　检验员签章：				运杂费											
				合　计			¥	2	6	0	0	0	0	0	0
备注															

三联　会计

仓库：　　材料会计：　　收料员：周杰　　制单：

4）12 月 3 日，出纳员填写现金支票一张，从银行提取现金 2000 元，支票存根如表 3-72 所示。

表 3-72　中国工商银行现金支票存根

中国工商银行（皖）
现金支票存根

NO. ××××××××

附加信息

出票日期 20××年 12 月 3 日

收款人：环宇有限责任公司
金　额：¥2 000.00
用　途：备用

单位主管　　会计 王慧文

5）12 月 3 日，销售 A 产品 400 件，单价 2 000 元，全部款项已收到，有关单据如表 3-73、表 3-74 所示。

表 3-73　增值税专用发票

××增值税专用发票

此联不作报销、扣税凭证　　　　开票日期:20××年 12 月 3 日

购货单位	名　　称:金诚公司 纳税人识别号:370670524383698 地 址 、电 话 :淮北市大华路 28 号 6225006 开户行及账号:工行大华路支行 560196××××××	密码区	6+−〈2〉6〉928+296+/ *　加密版本:01 446〈600375〈35〉〈4/ *　37009931410 2−2〈2051+24+2618〈7　07050345 /3−15〉〉09/5/−1〉〉〉+2

货物或应税劳务名称	规格型号	单位	数量	单价	金额	税率	税额
A 产品		件	400	2 000	800 000.00	17%	136 000.00
合　计					¥800 000.00		¥136 000.00
价税合计(大写)	⊗玖拾叁万陆仟元整				(小写)¥936 000.00		

销货单位	名　　称:环宇有限责任公司 纳税人识别号:370866786633898 地 址 、电 话 :合肥市青年路 32 号 5230355 开户行及账号:工行青年路支行 804044××××××	备注	环宇有限责任公司财务专用章

收款人:　　　　复核:　　　　开票人:林营　　　　销货单位:(章)

第一联:记账联　销货方记账凭证

表 3-74　中国工商银行进账单

中国工商银行 进账单(收账通知)3

20××年 12 月 3 日　　　　第　　号

出票人	全　　称	金诚公司	收款人	全　　称	环宇有限责任公司
	账　　号	560196××××××		账　　号	804044××××××
	开户银行	工行大华路支行		开户银行	工行青年路支行

金额	人民币(大写) 玖拾叁万陆仟元整	亿	千	百	十	万	千	百	十	元	角	分
				¥	9	3	6	0	0	0	0	0

票据种类	转账支票	票据张数	1	工商银行青年路支行 20XX.XX.XX 转讫 收款人开户行鉴章
票据号码				
单位主管　会计　复核　记账				

此联是收款人开户行交给收款人的收账通知

6) 12 月 5 日,采用信汇方式偿还前欠龙祥公司材料款 18 000 元,信汇凭证如表 3-75 所示。

表 3-75 中国工商银行信汇凭证

中国工商银行 **信汇凭证**（回单）1

委托日期 20××年 12 月 5 日

<table>
<tr><td rowspan="3">汇款人</td><td>全　称</td><td>环宇有限责任公司</td><td rowspan="3">收款人</td><td>全　称</td><td colspan="11">龙祥公司</td></tr>
<tr><td>账　号</td><td>804044××××××</td><td>账　号</td><td colspan="11">560118××××××</td></tr>
<tr><td>汇出地点</td><td>省合肥市/县</td><td>汇入地点</td><td colspan="11">省蚌埠市/县</td></tr>
<tr><td colspan="2">汇出行名称</td><td>工行青年路支行</td><td colspan="2">汇入行名称</td><td colspan="11">建行淮河路支行</td></tr>
<tr><td rowspan="2">金额</td><td rowspan="2">人民币（大写）</td><td rowspan="2" colspan="3">壹万捌仟元整</td><td>亿</td><td>千</td><td>百</td><td>十</td><td>万</td><td>千</td><td>百</td><td>十</td><td>元</td><td>角</td><td>分</td></tr>
<tr><td></td><td></td><td></td><td>¥</td><td>1</td><td>8</td><td>0</td><td>0</td><td>0</td><td>0</td><td>0</td></tr>
<tr><td colspan="3" rowspan="2">工商银行青年路支行 20XX.XX.XX 转讫
汇出行签章</td><td colspan="2">支付密码</td><td colspan="11"></td></tr>
<tr><td colspan="13">附加信息及用途：
偿还前欠购货款
复核：　　记账：</td></tr>
</table>

此联是汇出行给汇款人的回单

7）12 月 5 日，采购员刘东填写借款单，并经有关人员签字同意，预借差旅费 3 000 元，以现金支付，借款单如表 3-76 所示。

表 3-76 借款单

借　款　单

20××年 12 月 5 日

<table>
<tr><td colspan="2">部　门</td><td colspan="2">供应科</td><td colspan="2">借款事由</td><td colspan="2">采购材料</td></tr>
<tr><td colspan="2">借款金额</td><td colspan="6">金额（大写）叁仟元整　　¥3 000.00</td></tr>
<tr><td colspan="2">批准金额</td><td colspan="6">金额（大写）叁仟元整　　¥3 000.00</td></tr>
<tr><td>领导</td><td>周鸣</td><td>财务主管</td><td>张成</td><td>借款人</td><td>刘东</td></tr>
</table>

8）12 月 5 日，向通达公司购进甲材料 2 000 千克，乙材料 1 000 千克，材料经有关部门验收入库，并开出银行承兑汇票，有关单据如表 3-77 至表 3-79 所示。

表 3-77　增值税专用发票

××增值税专用发票

发票联　　　　开票日期：20××年 12 月 5 日

购货单位	名　　称：环宇有限责任公司 纳税人识别号：370866786633898 地 址 、电 话：合肥市青年路 32 号 5230355 开户行及账号：工行青年路支行 804044××××××	密码区	6+-⟨2⟩6⟩589+256+/ ＊ 加密版本：01 446⟨600375⟨35⟩⟨4/ ＊ 37008931410 2-2⟨2051+24+2618⟨7 07060445 /3-15⟩⟩09/5/-1⟩⟩⟩+2

货物或应税劳务名称	规格型号	单位	数量	单价	金额	税率	税额
甲材料		千克	2 000	200	400 000.00	17%	68 000.00
乙材料		千克	1 000	50	50 000.00	17%	8 500.00
合　计					￥450 000.00		￥76 500.00
价税合计(大写)	⊗伍拾贰万陆仟伍佰元整				(小写)￥526 500.00		

销货单位	名　　称：通达公司 纳税人识别号：37083358626669 地 址 、电 话：池州市河海路 18 号 8550368 开户行及账号：农行河海路支行 380180××××××	备注	

收款人：　　　复核：　　　开票人：张文强　　　销货单位：(章)

第三联：发票联　购货方记账凭证

表 3-78　银行承兑汇票

银行承兑汇票（存根）

出票日期（大写）　贰零××年壹拾贰月零伍日

出票人全称	环宇有限责任公司	收款人	全　称	通达公司
出票人账号	804044××××××		账　号	380180××××××
付款行全称	工行青年路支行		开户银行	农行河海路支行
出票金额	人民币（大写）伍拾贰万陆仟伍佰元整			千 百 十 万 千 百 十 元 角 分 ￥ 5 2 6 5 0 0 0 0
汇票到期日（大写）	贰零××年叁月零伍日	付款行	行号	4568
承兑协议编号			地址	合肥市青年路 128 号
本汇票请承兑，到期无条件付款 出票人签章	备注：		复核：	记账：

此联由出票人存查

表 3-79　材料入库单

材料入库单

供应单位：通达公司　　　　20××年 12 月 5 日

发票号：　　　　字第　　号

材料类别	材料名称	规格材质	计量单位	应收数量	实收数量	单位成本	金额								
							百	十	万	千	百	十	元	角	分
	甲材料		千克	2 000	2 000	200		4	0	0	0	0	0	0	0
	乙材料		千克	1 000	1 000	50			5	0	0	0	0	0	0
检验结果	检验员签章：		运杂费												
			合　计				¥	4	5	0	0	0	0	0	0
备注															

三联　会计

仓库：　　　　材料会计：　　　　收料员：周杰　　　　制单：陈晓

9）12 月 6 日，缴纳上月应交所得税 12 000 元，完税凭证如表 3-80 所示。

表 3-80　税收电子转账专用完税证

中华人民共和国 税收电子转账专用完税证

国

填发日期：20××年 12 月 6 日

税务登记代码	370866786633898	征收机关	××国税四方分局
纳税人全称	环宇有限责任公司	收款银行(邮局)	工(0153111569)

税(费)种	税款所属期间	实缴金额
所得税	20××110120××1130	12 000.00
金额合计	(大写)壹万贰仟元整	¥12 000.00

税务机关(盖章)	收款银行(邮局)(盖章)	经手人(签章)	备注	电子缴税 00038638(27)

此凭证仅作纳税人完税凭证，此外无效

10）12 月 8 日，缴纳上月应交城建税和教育费附加 2 000 元，完税凭证如表 3-81 所示。

表 3-81　税收电子转账专用完税证

中　华　人　民　共　和　国
税收电子转账专用完税证

填发日期：20××年 12 月 8 日

税务登记代码	370866786633898	征收机关	××地税直属征收分局
纳税人全称	环宇有限责任公司	收款银行(邮局)	工(01531232569)
税(费)种	税款所属期间	实缴金额	
企业城建税 教育费附加	20××110120××1130 20××110120××1130	1 400.00 600.00	
金额合计	(大写)贰仟元整	￥2 000.00	
税务机关(盖章)	收款银行(邮局)(盖章)　经手人(签章)	备注	电子缴税 00038626(27)

此凭证仅作纳税人完税凭证，此外无效

11）12 月 10 日，从杭州购进运输车两辆，货款及运费已汇出。有关单据如表 3-82 至表 3-84 所示。

表 3-82　公路货运专用发票

×××公路货运专用发票(乙)

发　票　联

发货单位：哈飞汽车公司　　地址：西湖路 38 号　　电话：8550333　　20××年 12 月 10 日

卸货地点	青年路 32 号			收货单位		环宇有限责任公司			地址	青年路	电话	5639866
货物名称	包装	件数	实际重量	计费运输量		货物等级	计费里程	运费率	运费金额	其他费用		运杂费小计
				吨	吨公里					费目	金额	
哈飞宝通			2							装卸费		2 000.00
运杂费合计	(人民币大写)⊗万贰仟零佰零拾零元零角零分　￥2 000.00											
备注												

填票人：　　收款人：孙海　　单位名称(盖章)：

第二联　发票联

表 3-83　增值税专用发票

××增值税专用发票

发票联　　　　开票日期:20××年 12 月 10 日

购货单位	名　　称:环宇有限责任公司 纳税人识别号:370866786633898 地 址 、电 话:合肥市青年路 32 号 5230355 开户行及账号:工行青年路支行 804044××××××	密码区	6+-〈2〉6〉589+256+/ ＊　加密版本:01 446〈600375〈35〉〈4/ ＊　37008931410 2-2〈2051+24+2335〈7　07060445 /3-15〉〉09/5/-1〉〉〉+2

货物或应税劳务名称	规格型号	单位	数量	单价	金额	税率	税额
哈飞宝通		辆	2	130 000	260 000.00	17%	44 200.00
合　计					¥260 000.00		¥44 200.00
价税合计(大写)	⊗叁拾万零肆仟贰佰元整				(小写)¥304 200.00		

销货单位	名　　称:哈飞汽车公司 纳税人识别号:560101180012364 地 址 、电 话:杭州市西湖路 18 号 8540367 开户行及账号:农行西湖路支行 380180××××××	备注	

收款人:　　　复核:　　　开票人:张蓬飞　　　销货单位:(章)

第三联:发票联　购货方记账凭证

表 3-84　中国工商银行信汇凭证

中国工商银行 信汇凭证(回单) 1

委托日期 20××年 12 月 10 日

汇款人	全　称	环宇有限责任公司	收款人	全　称	哈飞汽车公司
	账　号	804044××××××		账　号	380180××××××
	汇出地点	省合肥市/县		汇入地点	省杭州市/县
汇出行名称		工行青年路支行	汇入行名称		农行西湖路支行

金额	人民币(大写)	叁拾万零陆仟贰佰元整	亿	千	百	十	万	千	百	十	元	角	分
					¥	3	0	6	2	0	0	0	0

汇出行签章	支付密码 附加信息及用途: 购车款 复核:　　记账:

此联是汇出行给汇款人的回单

12) 12 月 12 日,向红星公司销售 B 产品,商品已经发出,货款已办妥托收手续,有关单据如表 3-85、表 3-86 所示。

表 3-85　增值税专用发票

××增值税专用发票

记 账 联　　　　开票日期：20××年 12 月 12 日

购货单位	名　　称：红星公司 纳税人识别号：370611524383398 地 址 、电 话：西宁市乐水路 16 号 2233003 开户行及账号：工行乐水路支行 560096××××××	密码区	6+−〈2〉6〉928+296+/ ＊ 加密版本：01 446〈600375〈35〉〈4/ ＊ 37009931410 2−2〈2051+24+2618〈7 09081125 /3−15〉〉09/5/−1〉〉〉+2

货物或应税劳务名称	规格型号	单位	数量	单价	金额	税率	税额
B产品		件	200	1 500	300 000.00	17%	51 000.00
合　　计					¥300 000.00		¥51 000.00
价税合计（大写）	⊗叁拾伍万壹仟元整				（小写）¥351 000.00		

销货单位	名　　称：环宇有限责任公司 纳税人识别号：370866786633898 地 址 、电 话：合肥市青年路 32 号 5230355 开户行及账号：工行青年路支行 804044××××××	备注	环宇有限责任公司财务专用章

收款人：　　复核：　　开票人：林营　　销货单位：（章）

第一联：记账联　销货方记账凭证

表 3-86　托收凭证

托收凭证（受理回单）

委托日期 20××年 12 月 12 日

业务类型	委托收款（□邮划、□电划）　托收承付（□邮划、□电划）					
付款人	全称	红星公司	收款人	全称	环宇有限责任公司	
	账号	560096××××××		账号	804044××××××	
	地址	省西宁市县　开户行　工行		地址	省合肥市县　开户行　工行	

金额	人民币（大写）	亿	千	百	十	万	千	百	十	元	角	分
	叁拾伍万壹仟元整			¥	3	5	1	0	0	0	0	0

款项内容	货　款	托收凭据名称	托收承付凭证（电划）	附寄单证张数	
商品发运情况		合同名称号码			
备注： 复核　记账	款项收妥日期 年　月　日	收款人开户银行签章 工商银行青年路支行 20XX.XX.XX 转讫 20××年 12 月 2 日			

此联作收款人开户银行给收款人的受理回单

13）12月16日，刘东报销差旅费2150元，退回现金850元，出纳员开具收据一张，有关单据如表3-87、表3-88所示。

表3-87　差旅费报销单

差旅费报销单

部门：　　　　填报日期20××年12月16日

姓名			刘东			出差事由		采购材料			出差自20××年12月6日 日期至20××年12月15日				共10天	
起讫时间及地点						车船票		夜间乘车补助费			出差乘补费			住宿费	其他	
月	日	起	月	日	讫	类别	金额	时间	标准	金额	日数	标准	金额	金额	摘要	金额
12	6	合肥	12	7	上海		180.00									
12	15	上海	12	15	合肥		180.00									
小　计							360.00				10	15	150.00	1 640.00		
总计金额		（大写）⊗贰仟壹佰伍拾元整 预支3 000.00　核销2 150.00　退补850.00														

附单据共叁张

主管：张保升　　部门：供应科　　审核：张成　　填报人：刘东

表3-88　统一收款收据

统一收款收据（三联单）

第三联：记账依据　　20××年12月16日　　NO. ××××××

交款单位或交款人	刘东	收款方式	现金
事由　报销差旅费 金额（人民币大写）：捌佰伍拾元整　￥850.00			备注： 预借款3 000元 核销2 150元

说明：收费收据不得作行政事业性

收款单位（盖章）：环宇有限责任公司财务专用章　　收款人（签章）：王慧文

14）12月16日，出纳员填写现金支票一张，提取现金430 000元，支票存根如表3-89所示。

表 3-89　中国工商银行现金支票存根

中国工商银行（皖）
现金支票存根

NO. ××××××××

附加信息

出票日期 20××年 12 月 16 日

收款人:环宇有限责任公司
金　额:￥430 000.00
用　途:备发工资

单位主管　　会计 王慧文

15) 12 月 16 日,以现金 430 000 元,发放本月职工工资,工资结算汇总表如表 3-90 所示。

表 3-90　工资结算汇总表

工资结算汇总表

20××年 12 月 9 日

部　　门	计时工资	计件工资	工资性津贴	奖金	应扣工资		应付工资
					事假	病假	
生产 A 产品		150 000	300 000	21 000	600	400	200 000.00
生产 B 产品		100 000	200 000	20 000			140 000.00
车间管理人员	35 000						35 000.00
行政管理人员	55 000						55 000.00
合计	90 000	250 000	500 000	41 000	600	400	430 000.00

16) 12 月 16 日,办公室购买办公用品 560 元,款项开出转账支票支付。有关单据如表 3-91、表 3-92 所示。

表 3-91 商品销售统一发票

××× 商品销售统一发票

客户名称及地址：环宇有限责任公司　　20××年 12 月 16 日填制

品名规格	单位	数量	单价	金额							备注
				万	千	百	十	元	角	分	
打印纸	包	10	35			3	5	0	0	0	
笔记本	本	30	7			2	1	0	0	0	
合　计					¥	5	6	0	0	0	
合计金额（大写）伍佰陆拾元整											

第二联　发票联

填票人：刘鹏　　收款人：王丽　　单位名称（盖章）：

表 3-92 中国工商银行转账支票存根

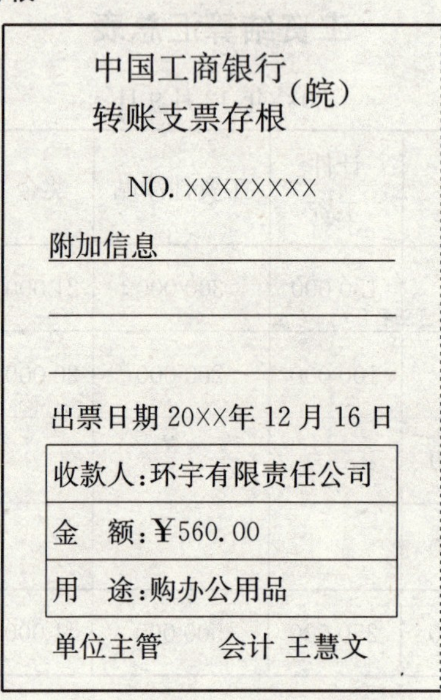

中国工商银行（皖）
转账支票存根

NO. ××××××××

附加信息

出票日期 20××年 12 月 16 日

收款人：环宇有限责任公司
金　额：¥560.00
用　途：购办公用品

单位主管　　会计 王慧文

17）12 月 20 日，开出转账支票支付销售产品广告费 5 000 元，有关单据如表 3-93、表 3-94所示。

表 3-93　中国工商银行转账支票存根

中国工商银行（皖）
转账支票存根
NO. ××××××××

附加信息

出票日期 20××年 12 月 20 日

收款人：×××电视台
金　额：¥5 000.00
用　途：付广告费

单位主管　　会计 王慧文

表 3-94　电视台专用发票

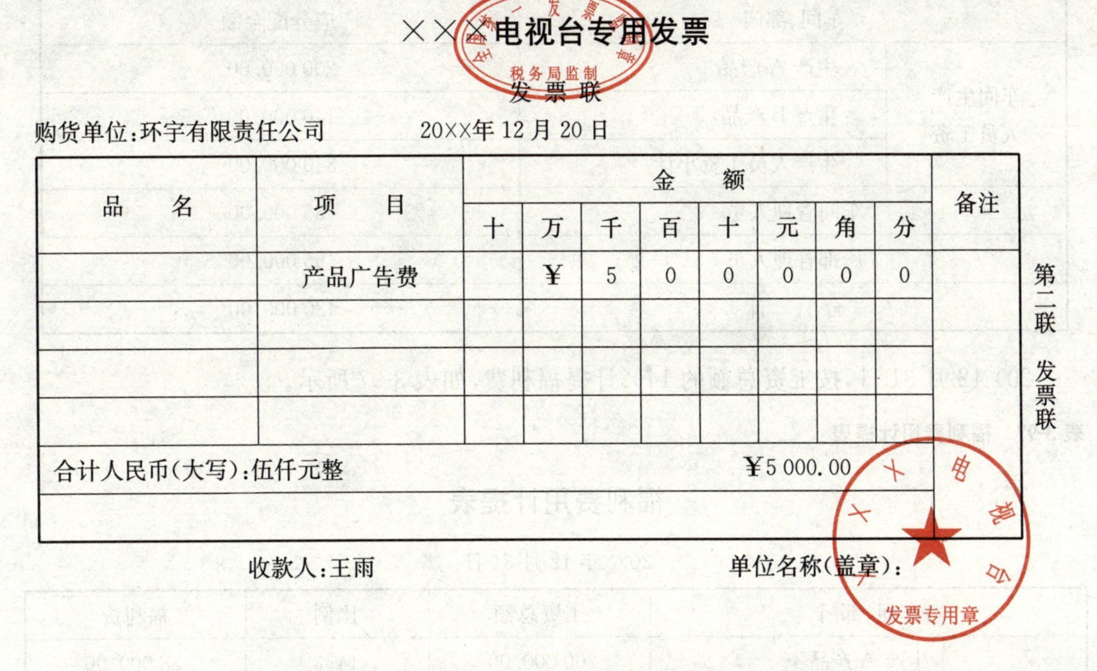

×××电视台专用发票

发票联

购货单位：环宇有限责任公司　　20××年 12 月 20 日

品　名	项　目	金额								备注
		十	万	千	百	十	元	角	分	
	产品广告费		¥	5	0	0	0	0	0	
合计人民币（大写）：伍仟元整		¥5 000.00								

收款人：王雨　　单位名称（盖章）：

第二联　发票联

18）12 月 20 日，到银行购买结算凭证，有关单据如表 3-95 所示。

19）12 月 31 日，分配结转本月职工工资 430 000 元，其中，生产 A 产品工人工资200 000元，生产 B 产品工人工资 140 000 元，车间管理人员工资 35 000 元，行政管理部门55 000元，分配情况如表 3-96 所示。

表 3-95 业务收费凭证

中国工商银行 业务收费凭证

交易流水:02200166　　20××年 12 月 20 日

<table>
<tr><td>户名</td><td colspan="2">环宇有限责任公司</td><td>付款账号</td><td>804044××××××</td></tr>
<tr><td colspan="2">费用项目</td><td>金　额</td><td>凭证号码</td><td>A0036726—0036750</td></tr>
<tr><td colspan="2">收费类型:购买凭证
工本费
手续费</td><td>
10.00
20.00</td><td colspan="2">会计分录</td></tr>
<tr><td colspan="2">合 计 金 额</td><td>(小写)¥30.00</td><td colspan="2">(大写)叁拾元整</td></tr>
</table>

柜员:53525010

工商银行青年路支行 20XX.XX.XX 转讫

表 3-96 工资费用分配汇总表

工资费用分配汇总表

20××年 12 月 31 日

<table>
<tr><td colspan="2">车间、部门</td><td>应分配金额</td></tr>
<tr><td rowspan="3">车间生产人员工资</td><td>生产 A 产品</td><td>200 000.00</td></tr>
<tr><td>生产 B 产品</td><td>140 000.00</td></tr>
<tr><td>生产人员工资小计</td><td>340 000.00</td></tr>
<tr><td colspan="2">车间管理人员</td><td>35 000.00</td></tr>
<tr><td colspan="2">厂部管理人员</td><td>55 000.00</td></tr>
<tr><td colspan="2">合　计</td><td>430 000.00</td></tr>
</table>

20）12 月 31 日,按工资总额的 14%计提福利费,如表 3-97 所示。

表 3-97 福利费用计提表

福利费用计提表

20××年 12 月 31 日

<table>
<tr><td colspan="2">车间、部门</td><td>工资总额</td><td>比例</td><td>福利费</td></tr>
<tr><td rowspan="3">车间生产人员工资</td><td>生产 A 产品</td><td>200 000.00</td><td>14%</td><td>28 000.00</td></tr>
<tr><td>生产 B 产品</td><td>140 000.00</td><td>14%</td><td>19 600.00</td></tr>
<tr><td>生产人员工资小计</td><td>340 000.00</td><td>14%</td><td>47 600.00</td></tr>
<tr><td colspan="2">车间管理人员</td><td>35 000.00</td><td>14%</td><td>4 900.00</td></tr>
<tr><td colspan="2">厂部管理人员</td><td>55 000.00</td><td>14%</td><td>7 700.00</td></tr>
<tr><td colspan="2">合　计</td><td>430 000.00</td><td>14%</td><td>60 200.00</td></tr>
</table>

21）12 月 31 日，本月计提固定资产折旧费，如表 3-98 所示。

表 3-98　折旧费用分配表

折旧费用分配表

20××年 12 月 31 日

车间或部门	折旧额
生产车间	6 100.00
厂　　部	4 900.00
合　　计	11 000.00

22）12 月 31 日，编制制造费用分配表分配本月制造费用，如表 3-99 所示。

表 3-99　制造费用分配表

制造费用分配表

20××年 12 月 31 日

产品名称	实用工时	分配率	分配金额
A 产品	4 000		
B 产品	6 000		
合计	10 000		

23）12 月 31 日，本月投产的 A 产品 250 件，B 产品 360 件，全部完工，结转其生产成本，有关单据如表 3-100 至表 3-102 所示。

表 3-100　产品成本计算单

产品成本计算单

A 产品　　20××年 12 月 31 日　　完工：250 件

项　　目	直接材料	直接人工	制造费用	合　计
本月发生生产成本				
转完工产品成本				
完工产品单位成本				

24）12 月 31 日，结转本月已销商品成本，A 产品单位成本 1 600 元，B 产品单位成本 1 050元，已销商品成本计算表如表 3-103 所示。

25）12 月 31 日，计算本月应交城建税 1 547 元，教育费附加 663 元。

26）12 月 31 日，结转各损益类账户余额。

27）12 月 31 日，按规定税率 25%计算本月应交所得税。

28）12 月 31 日，将本年净利润转入“利润分配—未分配利润”账户。

表 3-101 产品成本计算单

产品成本计算单

B产品　　20××年 12 月 31 日　　完工:360 件

项　　目	直接材料	直接人工	制造费用	合　　计
本月发生生产成本				
转完工产品成本				
完工产品单位成本				

表 3-102 产成品入库单

产成品入库单

20××年 12 月 31 日

产品名称	计量单位	数　　量	单位成本	金　　额
A产品	件			
B产品	件			
合　计				

表 3-103 已销商品成本计算表

已销商品成本计算表

20××年 12 月 31 日

产品名称	计量单位	数　　量	单位成本	金　　额
A产品	件	400	1 600	640 000
B产品	件	200	1 050	210 000
合　计				850 000

29）12 月 31 日，编制利润分配计算表，分别按照本年净利润的 10％和 20％计提法定盈余公积金和向投资者分配利润如表 3-104 所示。

表 3-104 利润分配计算表

利润分配计算表

20××年 12 月 31 日

项　　目	金　　额
全年净利润	
提取法定盈余公积金(10％)	
向投资者分配利润(20％)	

30）12 月 31 日，将“利润分配”各明细账户的余额转入“利润分配—未分配利润”账户。

2. 训练

根据以上资料编制记账凭证。

3. 准备资料

收款凭证 2 张；

付款凭证 11 张；

转账凭证 23 张。

训练三　建账和登记账簿

一、训练目的

通过训练使大家掌握日记账、总账和明细账等会计账簿的设置和登记。

二、训练资料

环宇有限责任公司 20XX年 12 月 1 日总分类账户和明细分类账户的期初余额如表3-105至表 3-107 所示。

表 3-105　总账及明细账户余额

总账账户	明细账户	借方余额	贷方余额
库存现金		4 363.30	
银行存款		603 801.00	
应收账款		68 640.00	
	—红星工厂	12 640.00	
	—华胜商厦	56 000.00	
其他应收款		2 000.00	
	—张明	2 000.00	
原材料		400 000.00	
	—甲材料	300 000.00	
	—乙材料	100 000.00	
库存商品		1700 000.00	
	—A 产品	1280 000.00	
	—B 产品	420 000.00	
固定资产		220 000.00	
	—生产用固定资产	200 000.00	
	—非生产用固定资产	20 000.00	

续表

总账账户	明细账户	借方余额	贷方余额
累计折旧			30 000.00
	—累计折旧		30 000.00
无形资产		20 000.00	
	—商标权	20 000.00	
短期借款			1 000 000.00
	—建行		1 000 000.00
应付账款			23 000.00
	—兴华公司		23 000.00
应付职工薪酬			6 540.00
	—应付福利费		6 540.00
应交税费			14 000.00
	—应交所得税		12 000.00
	—应交城建税		1 400.00
	—应交教育费附加		600.00
长期借款			61 976.30
	—工商银行		61 976.30
实收资本			1 500 000.00
	—源发公司		800 000.00
	—宏达公司		700 000.00
资本公积			100 000.00
	—资本溢价		100 000.00
盈余资本			89 126.00
	—法定盈余公积		89 126.00
本年利润			180 000.00
利润分配			44 162.00
	—未分配利润		44 162.00
合　计		3 018 804.30	3 018 804.30

表 3-106　原材料明细账账户期初余额

项目 / 名称	数量(千克)	单位成本	金　额
甲材料	1 500	200	300 000.00
乙材料	2 000	50	100 000.00
合　计			400 000.00

表 3-107　库存商品明细账户期初余额

项目 / 名称	数量(千克)	单位成本	金　额
A产品	800	1 600	1 280 000.00
B产品	400	1 050	420 000.00
合　计			1 700 000.00

三、训练要求

1）根据上述所给资料建立总分类账、明细分类账和日记账；

2）根据训练二“（四）供应、生产、销售综合”资料编制的会计凭证分别登记日记账、明细账和总账；

3）将日记账、明细账和总账进行相互核对，在准确无误的基础上进行结账。

四、准备资料

1）库存现金日记账账页 1 页；
2）银行存款日记账账页 1 页；
3）总分类账账页 34 页；
4）三栏式明细账账页 30 页；
5）数量金额式明细账账页 4 页；
6）多栏式明细账账页 4 页；
7）应交增值税明细账账页 1 页。

训练四　错账的查找与更正

一、训练目的

通过实训，掌握账簿记录错误更正的基本方法。

二、训练资料

环宇有限责任公司 20XX年 12 月份部分凭证及账簿资料如下，年末结账前，请你找出差错并采用正确的方法进行更正。

（一）原始凭证

1）12 月 10 日，办公室职员李明持支票采购办公用品，取得发票一张，如表 3-108、表 3-109所示。

表 3-108　商品销售统一发票

×××商品销售统一发票

客户名称及地址:环宇有限责任公司　　20××年 12 月 10 日填制

品名规格	单位	数量	单价	金额							备注
				万	千	百	十	元	角	分	
笔记本	本	10	10			1	0	0	0	0	
碳素笔	支	20	20			4	0	0	0	0	
计算器	台	2	240			4	8	0	0	0	
合　计					¥	9	8	0	0	0	
合计金额(大写)⊗万⊗仟玖佰捌拾⊗元⊗角⊗分											

第二联　发票联

填票人:刘鹏　　收款人:王丽　　单位名称(盖章):力达文化用品商店 发票专用章

表 3-109　中国工商银行转账支票存根

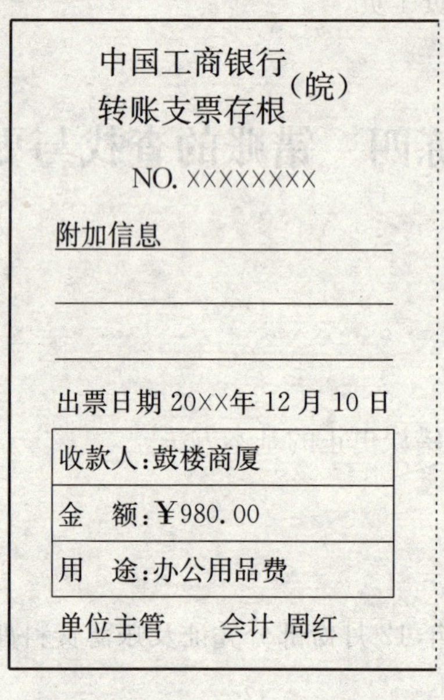
中国工商银行
转账支票存根(皖)

NO. ××××××××

附加信息

出票日期 20××年 12 月 10 日

收款人:鼓楼商厦

金　额:¥980.00

用　途:办公用品费

单位主管　　会计 周红

2) 12 月 12 日,采购员洪峰预借差旅费,经领导批准支付现金 3 000 元,借款单如表 3-110所示。

3) 12 月 16 日,华联商厦交来转账支票一张,用来归还其前欠的货款,当日将支票送存银行,取得回单如表 3-111 所示。

4) 12 月 31 日,开出转账支票支付本月电话费,支票存根和发票如表 3-112、表 3-113 所示。

表 3-110　借款单

借 款 单

借款日期 20××年 12 月 12 日

单位或部门	供应科		借款事由		采购材料
申请借款金额	金额(大写)叁仟元整　　¥:3 000.00 现金付讫				
批准金额	金额(大写)叁仟元整　　¥:3 000.00				
领导批示	周林	财务主管	张成	借款人	洪峰

表 3-111　中国工商银行进账单

中国工商银行 进账单（收账通知）3

20××年 12 月 16 日　　　　第　　号

出票人	全　称	华联商厦	收款人	全　称	环宇有限责任公司
	账　号	283689××××××		账　号	804044××××××
	开户银行	工行营业六部		开户银行	工行青年路支行

金额	人民币（大写）	壹万柒仟元整	亿	千	百	十	万	千	百	十	元	角	分
					¥	1	7	0	0	0	0	0	

票据种类	转账支票	票据张数	1
票据号码			
单位主管　　会计	复核	记账	

工商银行青年路支行 20XX.XX.XX 转讫

收款人开户行鉴章

此联是收款人开户银行交给收款人的收账通知

表 3-112　中国网通有限公司××分公司专用发票

中国网通有限公司××分公司专用发票

客户名称	环宇有限责任公司	电话号码	6666888
基本月租 20.00 本地区内 200.48 本地区内 236.35 国内长话 128.17		中国网通有限公司××分公司 发票专用章	
实收金额(大写)伍佰捌拾伍元整	¥585.00		

本次费用统计从 20××/12/01—20××/12/31　　　收款日期 20××/12/31

第二联　发票联

表 3-113　中国工商银行转账支票存根

中国工商银行(皖) 转账支票存根
NO. ××××××××
附加信息
出票日期 20××年 12 月 31 日
收款人:网通公司
金　额:¥585.00
用　途:付话费
单位主管　　会计 王慧文

5）12 月 31 日，采用信汇方式预付光明公司材料款 80 000 元，信汇凭证如表 3-114 所示。

表 3-114　中国工商银行信汇凭证

中国工商银行 信汇凭证（回单）1

委托日期 20××年 12 月 8 日

汇款人	全　称	环宇有限责任公司	收款人	全　称	光明公司									
	账　号	804044××××××		账　号	363031××××××									
	汇出地点	省合肥市/县		汇入地点	省安庆市/县									
汇出行名称		工行青年路支行	汇入行名称											
金额	人民币（大写）	捌万元整	亿	千	百	十	万	千	百	十	元	角	分	
						¥	8	0	0	0	0	0	0	
工商银行青年路支行 20XX.XX.XX 转讫 汇出行签章			支付密码											
			附加信息及用途：											
			复核：　记账：											

此联是汇出行给汇款人的回单

（二）记账凭证

记账凭证如表 3-115 至表 3-119 所示。

表 3-115 付款凭证

付 款 凭 证

贷方科目:银行存款　　20××年 12 月 10 日　　银付字第 18 号

摘　要	借方科目		金　额								
	总账科目	明细科目	百	十	万	千	百	十	元	角	分
购办公用品	管理费用	办公费					8	9	0	0	0
合　计						¥	8	9	0	0	0

附件 2 张

会计主管:张成　记账:李立　复核:周红　出纳:王慧文　制单:张虹

表 3-116 付款凭证

付 款 凭 证

贷方科目:库存现金　　20××年 12 月 12 日　　现付字第 20 号

摘　要	借方科目		金　额								
	总账科目	明细科目	百	十	万	千	百	十	元	角	分
预借差旅费	其他应收款	洪峰					3	0	0	0	0
合　计						¥	3	0	0	0	0

附件 1 张

会计主管:张成　记账:李立　复核:周红　出纳:王慧文　制单:张虹

表 3-117 付款凭证

付 款 凭 证

借方科目:银行存款　　20××年 12 月 16 日　　银收字第 21 号

摘　要	贷方科目		金　额								
	总账科目	明细科目	百	十	万	千	百	十	元	角	分
收回货款	应付账款	华联商厦			1	7	0	0	0	0	0
合　计				¥	1	7	0	0	0	0	0

附件 1 张

会计主管:张成　记账:李立　复核:周红　出纳:王慧文　制单:张虹

表 3-118 付款凭证

付 款 凭 证

贷方科目:银行存款　　　　20××年 12 月 31 日　　　　银付字第 52 号

摘　要	借方科目		金　额								
	总账科目	明细科目	百	十	万	千	百	十	元	角	分
支付话费	管理费用	电话费				5	8	5	0	0	0
合　计					¥	5	8	5	0	0	0

附件2张

会计主管:张成　　记账:李立　　复核:周红　　出纳:王慧文　　制单:张虹

表 3-119 付款凭证

付 款 凭 证

贷方科目:银行存款　　　　20××年 12 月 12 日　　　　银付字第 82 号

摘　要	借方科目		金　额								
	总账科目	明细科目	百	十	万	千	百	十	元	角	分
预付货款	预付款项	光明公司			8	0	0	0	0	0	0
合　计				¥	8	0	0	0	0	0	0

附件1张

会计主管:张成　　记账:李立　　复核:周红　　出纳:王慧文　　制单:张虹

(三) 账簿资料

账簿资料如表 3-120 至表 3-126 所示。

表 3-120 银行存款日记账

20××年		凭证		摘　要	借　方								贷　方								借或贷	余　额							
月	日	字	号		十	万	千	百	十	元	角	分	十	万	千	百	十	元	角	分		十	万	千	百	十	元	角	分
				承前页																	借	1	6	6	9	0	0	0	0
12	12	银付	18	购办公用品												8	9	0	0	0	借								
				略																									
	16	银收	21	收货款		1	7	0	0	0	0	0									借								
				略																									
	31	银付	52	支付电话费											5	8	5	0	0	0	借								

续表

20××年		凭证		摘　要	借　方								贷　方								借或贷	余　额							
月	日	字	号		十	万	千	百	十	元	角	分	十	万	千	百	十	元	角	分		十	万	千	百	十	元	角	分
				略																									
	31	银付	80	预付货款										8	0	0	0	0	0	0	借								

表 3-121　库存现金日记账

20××年		凭证		摘　要	借　方								贷　方								借或贷	余　额							
月	日	字	号		十	万	千	百	十	元	角	分	十	万	千	百	十	元	角	分		十	万	千	百	十	元	角	分
				承前页																	借			4	2	0	0	0	0
12	12	现付	20	预借差旅费												3	0	0	0	0	借			3	9	0	0	0	0

表 3-122　管理费用明细账

20××年		凭 证		摘　　要	办公费	水电费	保险费	其他	合计
月	日	字	号						
12	1	银付	18	购办公用品	890				890
				略					
	31	银付	52	支付电话费				5 850	5 850

表 3-123　其他应收款明细分类账

账户名称:洪峰

20××年		凭证		摘　要	借　方								贷　方								借或贷	余　额							
月	日	字	号		十	万	千	百	十	元	角	分	十	万	千	百	十	元	角	分		十	万	千	百	十	元	角	分
3	12	现付	20	预借差旅费				3	0	0	0	0									借				3	0	0	0	0

表 3-124 应付账款明细分类账

账户名称:华联商厦

20××年		凭证		摘要	借方								贷方								借或贷	余额							
月	日	字	号		十	万	千	百	十	元	角	分	十	万	千	百	十	元	角	分		十	万	千	百	十	元	角	分
				承前页																	贷		5	0	0	0	0	0	0
12	16	银收	21	收货款										1	7	0	0	0	0	0	贷		6	7	0	0	0	0	0

表 3-125 预付款项明细分类账

账户名称:光明公司

20××年		凭证		摘要	借方								贷方								借或贷	余额							
月	日	字	号		十	万	千	百	十	元	角	分	十	万	千	百	十	元	角	分		十	万	千	百	十	元	角	分
12	31	银付	80	预付货款		8	0	0	0	0	0	0									借		8	0	0	0	0	0	0

表 3-126 应收账款明细分类账

账户名称:华联商厦

20××年		凭证		摘要	借方								贷方								借或贷	余额							
月	日	字	号		十	万	千	百	十	元	角	分	十	万	千	百	十	元	角	分		十	万	千	百	十	元	角	分
				承前页																	借		8	0	0	0	0	0	0

三、训练要求

根据以上每一笔交易或事项所填制或取得的原始凭证,检查所填制的记账凭证和依据记账凭证所登记的账户记录是否正确。若有错误请指出是由于会计记录本身的错误还是由于记账凭证填错而引起的记录错误，并采用正确的方法进行更正。

训练五　银行存款余额调节表的编制

一、训练目的

通过训练，掌握银行存款余额调节表的编制方法。由于出纳人员主要负责现金、银行存款的收付，因此很多单位的银行存款余额调节表由出纳来编制以方便工作，但出纳人员既负责银行存款的收付、日记账的登记，又负责银行存款余额调节表的编制，就会产生管理漏洞，容易为不法分子所利用，所以按照会计基础规范的要求，银行存款余额调节表由会计人员编制，出纳配合，另一会计审核，从而达到相互牵制的目的。

二、训练资料

环宇有限责任公司 20XX年 8 月份银行存款日记账记录和 8 月份银行对账单如表3-127、表3-128所示。

表 3-127　银行存款日记账

第　页

年		凭证		摘　要	对方科目	结算凭证		借方	贷方	余　额
月	日	字	号			种类	号数			
				以上记录略						415 000
8	21	银付		支付差旅费	其他应收款	现支	10 785		1 000	414 000
8	22	银付		提现发薪	库存现金	现支	10 786		45 000	369 000
8	24	银付		办公用品费	管理费用	转支	45 761		320	368 680
8	26	银收		收回货款	主营业务收入	进账单	7 852	11 700		380 380
8	30	银付		邮电费	管理费用	转支	45 726		250	380 130
8	30	银收		存款利息	财务费用	结息单	38 976	417		380 547
8	30	银收		存押金	其他应付款	进账单	7 853	3 600		384 147

表 3-128　中国工商银行对账单

20××年 8 月 31 日

年		对方科目代号	摘　要	凭　证　号		借　方	贷　方	余　额
月	日			现金支票	结算凭证			
			以上记录略					415 000
8	21	10	现金支票	10 785		1 000		414 000
8	22	10	现金支票	10 786		45 000		369 000
8	25	65	转账支票		45 761	320		368 680
8	26	10	进账单		7 852		11 700	380 380
8	30	46	托收承付		47 216		10 000	390 380
8	30	251	结息单		38 976		417	390 797
8	30	518	委托收款		36 481	20 358		370 439

三、训练要求

对环宇有限责任公司的银行存款日记账记录和银行对账单记录进行逐笔核对，找出未达账项，并编制银行存款余额调节表，如表 3-129 所示。

表 3-129　银行存款余额调节表

单位名称：环宇有限责任公司　　　　20××年 8 月 31 日　　　　单位：元

项　目	金　额	项　目	金　额
银行对账单余额		银行存款日记账余额	
加：企业已收银行未收		加：银行已收企业未收	
减：企业已付银行未付		减：银行已付企业未付	
调节后余额		调节后余额	

训练六　编制会计报表

一、训练目的

通过实训，掌握资产负债表和利润表的编制方法。

二、训练资料

1. 环宇有限责任公司 20XX年 9 月 30 日有关总账和明细账户的余额如表 3-130 所示。

表 3-130　总账和明细账户的余额表

单位：元

资产账户	借或贷	余额	负债和所有者权益账户	借或贷	余额
库存现金	借	2 100	短期借款	贷	249 800
银行存款	借	803 770	应付票据	贷	19 600
其他货币资金	借	91 560	应付账款	贷	71 400
交易性金融资产	借	114 140	—丙企业	贷	73 000
应收票据	借	20 000	—丁企业	借	1 600
应收账款	借	77 000	预收账款	贷	14 700
—甲公司	借	80 000	—C 公司	贷	14 700
—乙公司	贷	3 000	其他应付款	贷	5 000
坏账准备	贷	2 000	应付职工薪酬	贷	7 000
预付账款	借	36 160	应交税费	贷	6 580
—A 公司	借	36 000	应付股利	贷	22 434
—B 公司	借	160			
其他应收款	借	5 510	长期借款	贷	340 000
应收股利	借	3000	应付债券	贷	63 700
物资采购	借	3 500	一年到期的应付债券	贷	23 000
原材料	借	813 127	长期应付款	贷	165 900
周转材料	借	117 600	实收资本	贷	3 518 830
材料成本差异	贷	32 277	资本公积	贷	110 000
生产成本	借	265 485	盈余公积	贷	48 100
库存商品	借	75 600	利润分配	贷	2 961
存货跌价准备	贷	10 000	——未分配利润	贷	2 961
持有至到期投资	借	174 200	本年利润	贷	30 000
固定资产	借	2 887 800			
累计折旧	贷	1 034 920			
在建工程	借	256 760			
固定资产清理	借	6 875			
无形资产	借	24 015			
资产合计		4 699 005	负债及所有者权益合计		4 699 005

2. 环宇有限责任公司所得税税率为25%。该公司20××年1月至11月各损益类账户的累计发生额和12月底转账前各损益类账户的发生额如表3-131所示。

表3-131 损益类账户产生额表

账户名称	12月份发生数		1月至11月累计发生数	
	借方	贷方	借方	贷方
主营业务收入		208 000		4 000 000
主营业务成本	132 000		2 600 000	
销售费用	2 000		10 000	
营业税金及附加	1 000		24 000	
其他业务成本	7 500		30 000	
营业外支出	2 000		12 000	
财务费用	3 000		30 000	
管理费用	3 400		50 000	
其他业务收入		9 000		45 000
营业外收入		1 000		
投资收益		10 000		
所得税			386 700	

三、训练要求

1）准备资产负债表和利润表各一张。

2）根据上述资料编制环宇有限责任公司20××年9月30日的资产负债表（填列期末数栏）和该公司20××年12月份的利润表，如表3-132、表3-133所示。

表3-132 资产负债表

资产负债表

编制单位： 20××年9月30日 单位：元

资　　产	行次	期末余额	年初余额	负债和所有者权益	行次	期末余额	年初余额
流动资产：			（略）	流动负债：			（略）
货币资金				短期借款			
交易性金融资产				交易性金融负债			
应收票据				应付票据			
应收账款				应付账款			
预付款项				预收款项			

续表

资　　产	行次	期末余额	年初余额	负债和所有者权益	行次	期末余额	年初余额
应收利息				应付职工薪酬			
应收股利				应交税费			
其他应收款				应付利息			
存货				应付股利			
一年内到期的非流动资产				其他应付款			
其他流动资产				一年内到期的非流动负债			
流动资产合计				其他流动负债			
非流动资产：				流动负债合计			
可供出售金融资产				非流动负债：			
持有至到期投资				长期借款			
投资性房地产				应付债券			
长期股权投资				长期应付款			
长期应收款				专项应付款			
固定资产				预计负债			
在建工程				递延所得税负债			
工程物资				其他非流动负债			
固定资产清理				非流动负债合计			
生产性生物资产				负债合计			
油气资产				所有者权益（或股东权益）：			
无形资产				实收资本(或股本)			
开发支出				资本公积			
商誉				减:库存股			
长期待摊费用				盈余公积			
递延所得税资产				未分配利润			
其他非流动资产				所有者权益(或股东权益)合计			
非流动资产合计							
资产合计				负债和所有者(或股东权益)合计			

表 3-133 利润表

利润表

编制单位： 20××年 单位：元

项　目	行次	本期金额	上期金额（略）
一、营业收入			
减：营业成本			
营业税金及附加			
销售费用			
管理费用			
财务费用			
资产减值损失			
加：公允价值变动净收益（损失以“－”号填列）			
投资收益（损失以“－”号填列）			
二、营业利润（亏损以“－”号填列）			
加：营业外收入			
减：营业外支出			
其中：非流动资产处置损失			
三、利润总额（亏损总额以“－”号填列）			
减：所得税费用			
四、净利润（净亏损以“－”号填列）			
五、每股收益：			
（一）基本每股收益			
（二）稀释每股收益			

实训四　综合技能训练

一、训练目的

通过前面的实训，大家对会计岗位的要求有了一定的认识，并掌握了相应的技能，通过本项目的训练，将使大家对会计岗位知识和技能有一个更全面的理解，技能得到更进一步地提升，为后续专业课程和未来的就业打下坚实的基础。

二、训练资料

1）电气有限责任公司 20XX年 12 月 1 日总分类账户及明细分类账户余额如表 4-1、表 4-2所示。

表 4-1　总分类账户余额表

金额单位：元

账户名称	借方余额	账户名称	贷方余额
库存现金	1 700	短期借款	100 000
银行存款	399 800	应付账款	35 100
应收账款	81 900	应付职工薪酬	2 520
其他应收款	1 000	应交税费	31 064
原材料	40 000	预收账款	1 500
库存商品	89 800	实收资本	1 000 000
固定资产	1 279 200	资本公积	36 680
累计折旧	－319 536	盈余公积	85 000
		利润分配	282 000
合　计	1 573 864	合　计	1 573 864

表 4-2 明细分类账户余额表

金额单位:元

总账账户	明细账户	计量单位	数量	单价	余额
应收账款	胜利公司				46 800
	华联商厦				35 100
其他应收款	张明				1 000
原材料	甲材料	千克	750	20	15 000
	乙材料	千克	4	3 250	13 000
	丙材料	米	480	25	12 000
库存商品	A产品	件	1 000	45	45 000
	B产品	件	1 120	40	44 800
应付账款	鸿润公司				35 100
应交税费	应交所得税				21 714
	未交增值税				8 500
	教育费附加				255
	城市维护建设税				595
预交账款	源发商场				1 500
利润分配	未分配利润				282 000

2）电气有限责任公司 20XX年 12 月份发生如下交易或事项：

① 12 月 1 日，采购员李三预借差旅费 1 000 元，以现金支付。借款单如表 4-3 所示。

② 12 月 2 日，从银行提取现金 1 800 元备用。现金支票存根如表 4-4 所示。

③ 12 月 2 日，生产车间领用材料如表 4-5 所示。

④ 12 月 4 日，厂部以现金购买办公用品，商品零售发票如表 4-6 所示。

⑤ 12 月 5 日，从方正公司购进乙材料 6 千克，单价 3 100 元，价款 18 600 元，增值税 3 162元，款项以银行存款支付，材料已验收入库。支票存根、增值税专用发票、材料入库单如表 4-7 至表 4-9 所示。

⑥ 12 月 5 日，张明报销差旅费 850 元，上月借款 1 000 元，退回现金 150 元。差旅费报销单和收款收据如表 4-10、表 4-11 所示。

⑦ 12 月 6 日，生产车间领用材料如表 4-12 所示。

⑧ 12 月 6 日，以银行存款支付×××电视台广告费 8 000 元，转账支票存根、发票如表 4-13、表 4-14 所示。

⑨ 12 月 6 日，职工秦红报销医药费，以现金支付。门诊收费收据、医药费报销单如表 4-15、表 4-16 所示。

⑩ 12 月 7 日，从青海公司购进甲材料 500 千克，单价 20 元，价款 10 000 元，增值税 1 700元，款项以银行存款支付，材料已验收入库。增值税专用发票、信汇凭证、材料入库单如表 4-17 至表 4-19 所示。

⑪ 12 月 9 日，从长安公司购丙材料 500 米，单价 28 元，价款 14 000 元，增值税2 380元。款项以银行存款支付，材料验收入库。增值税专用发票、信汇凭证、材料入库单如表 4-20 至表 4-22 所示。

⑫ 12 月 10 日，生产车间领用材料如表 4-23 所示。

⑬ 12 月 10 日收到华联商厦前欠货款 35 100 元。银行结算凭证和收款收据如表 4-24、表 4-25 所示。

⑭ 12 月 11 日，从银行提取现金 82 480 元，备发工资。现金支票存根如表 4-26 所示。

⑮ 12 月 11 日发放上月工资，工资结算单(略)，工资结算汇总如表 4-27 所示。

⑯ 12 月 13 日，以银行存款缴纳上月税款。完税凭证如表 4-28、表 4-29 所示。

⑰ 12 月 13 日销售给华联商厦 A 产品 600 件，单价 105 元，价款 63 000 元，增值税10 710元；B 产品 800 件，单价 95 元，价款76 000元，增值税12 920元，款项已存入银行。增值税专用发票、银行结算凭证如表 4-30、表 4-31 所示。

⑱ 12 月 15 日，从鸿润公司购进甲材料 1 000 千克，单价 21 元，价款 21 000 元，增值税3 570元，款项以银行存款支付，材料验收入库。材料入库单、信汇凭证、增值税专用发票如表 4-32 至表 4-34 所示。

⑲ 12 月 17 日销售给胜利公司 A 产品 400 件，单价 105 元，价款 42 000 元，增值税7 140元；B 产品 300 件，单价 95 元，价款28 500元，增值税4 845元，办妥委托银行收款项手续。增值税专用发票、银行结算凭证如表 4-35、表 4-36 所示。

⑳ 12 月 19 日，生产车间领用材料如表 4-37 所示。

㉑ 12 月 20 日，生产车间王小报销办公用品费 232 元，以现金付讫。购货发票如表 4-38 所示。

㉒ 12 月 22 日，收到胜利公司前欠货款 46 800 元。银行收账通知如表 4-39 所示。

㉓ 12 月 22 日，管理部门领用材料如表 4-40 所示。

㉔ 12 月 23 日，生产车间领用材料如表 4-41 所示。

㉕ 12 月 25 日，生产车间领用材料如表 4-42 所示。

㉖ 12 月 26 日，以银行存款支付本月电话费 2 600 元。银行转账支票存根、电信局专用收据如表 4-43、表 4-44 所示。

㉗ 12 月 28 日，以银行存款偿还前欠鸿润公司货款 35 100 元。汇兑结算凭证如表 4-45 所示。

㉘ 12 月 31 日，以银行存款支付本月水电费价税款合计 11 489. 40 元，并进行水电费分配。银行转账支票存根、增值税专用发票、水电费分配如表 4-46 至表 4-50 所示。

㉙ 12 月 31 日，以银行存款支付本月短期借款利息 1 152 元。银行计收利息清单如表 4-51所示。

㉚ 12 月 31 日，分配本月工资费用。工资费用分配表如表 4-52 所示。

㉛ 12 月 31 日，按本月工资费用计提福利费。福利费分配表如表 4-53 所示。

㉜ 12 月 31 日，计提固定资产折旧。折旧额计算表如表 4-54 所示。

㉝ 12 月 31 日，根据生产工人工资比例，分配并结转本月制造费用。制造费用分配如表 4-55 所示。

㉞ 12 月 31 日，本月生产产品全部完工，其中 A 产品完工 1 500 件，B 产品完工 1 495 件，计算并结转本月完工产品成本(上月产品全部完工)。产品成本计算单、产成品入库单如

表 4-56 至表 4-58 所示(填列表中数字)。

㉟ 12 月 31 日,结转本月产品销售成本,其中 A 产品单位生产成本 45 元,B 产品单位生产成本 40 元。销售成本计算单如表 4-59 所示。

㊱ 12 月 31 日,按 7%计提当月应缴城市维护建设税。(假设本企业只交增值税,当月实际交纳增值税 23092.46 元)

㊲ 12 月 31 日,按 3%计提当月应缴教育费附加。(假设本企业只交增值税,当月实际交纳增值税 23092.46 元)

㊳ 12 月 31 日,结转损益类账户。

㊴ 12 月 31 日,计算当月应缴所得税费用,并将所得税费用结转"本年利润"。

㊵ 12 月 31 日,按 10%的比例计提法定盈余公积金。法定盈余公积金计提表如表 4-60 所示。

㊶ 12 月 31 日,计算应付股利(上年未分配利润为 0)。应付股利计算表如表 4-61 所示。

㊷ 12 月 31 日,结转本年利润及利润分配有关明细分类账户。

三、训练要求

(一) 采用记账凭证账务处理程序

电气有限责任公司采用记账凭证账务处理程序,具体实训要求如下:

1) 根据原始凭证或原始凭证汇总表填制记账凭证。

2) 开设并登记库存现金日记账、银行存款日记账、总账及应收账款、原材料、库存商品、其他应收款、生产成本、制造费用、应付账款、预收账款、应交税费、利润分配等明细账,月末日记账、明细账和总账进行核对,在准确无误的基础上按要求结账。

3) 根据总账、明细账资料编制资产负债表和利润表。

(二) 采用科目汇总表账务处理程序

电气有限责任公司采用科目汇总表账务处理程序,具体实训要求如下:

1. 根据填制的记账凭证,编制科目汇总表。

2. 开设、登记总账并按要求结账。

(三) 实训准备资料

1) 记账凭证

① 收款凭证 5 张

② 付款凭证 17 张

③ 转账凭证 26 张

2) 科目汇总表 1 张

3) 账页

① 库存现金日记账账页 1 张

② 银行存款日记账账页 1 张

③ 三栏式总账账页 60 张

④ 三栏式明细账账页 11 张

⑤ 数量金额式明细账账页　　5 张
⑥ 生产成本明细账账页　　1 张
⑦ 制造费用明细账账页　　1 张
⑧ 应交增值税明细账账页　　1 张
4）会计报表
① 资产负债表　　1 张
② 利润表　　1 张

（四）实训操作

把以下业务单证裁剪下来作为附件附在凭证后，并进行装订。

1）12 月 1 日，采购员李三预借差旅费 1 000 元，以现金支付。借款单如表 4-3 所示。

表 4-3　借款单

借　款　单

20××年 12 月 1 日

单位或部门	供应科		借款事由		洽谈业务
申请借款金额	金额(大写)壹仟元整　￥:1 000.00				
批准金额	金额(大写)壹仟元整　￥:1 000.00				
领导批示	张宇	财务主管	彭丽	借款人	李三

2）12 月 2 日，从银行提取现金 1 800 元备用。现金支票存根如表 4-4 所示。

表 4-4　中国工商银行现金支票存根

中国工商银行（皖）
现金支票存根

NO. ××××××××

附加信息

出票日期 20××年 12 月 2 日

收款人:电气有限责任公司
金　额:￥1 800.00
用　途:备用

单位主管　　会计 张鹏

3）12 月 2 日，生产车间领用材料如表 4-5 所示。

表 4-5　领料单

领　料　单

领料部门：生产车间　　　　20××年 12 月 2 日

材　料		单　位	数　量		单　位 成　本	金　额	过　账
名　称	规　格		请　领	实　发			
甲材料	PI—2	千克	423	423	20.00	8 460.00	
乙材料	JB—1	千克	2	2	3 250.00	6 500.00	
工作单号		用　途	生产 A 产品				
工作项目							

会计：　　　　记账：　　　　发料：钱强　　　　领料：王彬

4）12 月 4 日，厂部以现金购买办公用品，商品零售发票如表 4-6 所示。

表 4-6　商品销售统一发票

×××商品销售统一发票

客户名称及地址：电气有限责任公司　　20××年 12 月 4 日填制

品名规格	单位	数量	单价	金　额							备注
				万	千	百	十	元	角	分	
计算机	台	2	120.00			2	4	0	0	0	
合　计					¥	2	4	0	0	0	
合计金额（大写）⊗贰佰肆拾零元零角零分											

第二联　发票联

填票人：王亚　　　　开票：刘芳　　　　单位名称（盖章）：

5) 12 月 5 日，从方正公司购进乙材料 6 千克，单价 3 100 元，价款 18 600 元，增值税 3 162元，款项以银行存款支付，材料已验收入库。支票存根、增值税专用发票、材料入库单如表 4-7 至表 4-9 所示。

表 4-7　增值税专用发票

××增值税专用发票

发　票　联　　　　开票日期：20××年 12 月 5 日

购货单位	名　　　称：电气有限责任公司 纳税人识别号：370602165010208 地 址 、电 话 ：合肥市红山路 220 号 3765988 开户行及账号：工行红山路支行 205223××××××	密码区	6+－〈2〉6〉927+296+/　加密版本：01 446〈600375〈35〉〈4/　37009931410 2－2〈2051+24+2618〈7　0445 /3－15〉〉09/5/－1〉〉〉+2

货物或应税劳务名称	规格型号	单　位	数　量	单　价	金　额	税　率	税　额
乙材料	JB－1	千克	6	3 100	18 600.00	17%	3 162.00
合　　计					￥18 600.00		￥3 162.00
价税合计（大写）	⊗贰万壹仟柒佰陆拾贰元整				（小写）￥21 762.00		

销货单位	名　　　称：方正公司 纳税人识别号：370613265531672 地 址 、电 话 ：合肥市庐阳区 186 号 6883019 开户行及账号：工行黄山路支行 803264××××××	备注	

收款人：宋江　　　复核：李明　　　开票人：刘倩　　　销货单位：

第三联：发票联　购货方记账凭证

表 4-8　中国工商银行转账支票存根

中国工商银行（皖）
转账支票存根

NO. ××××××××

附加信息

出票日期 20××年 12 月 5 日

收款人：方正公司
金　额：￥21 762.00
用　途：购料

单位主管　　　会计 张鹏

表 4-9　材料验收入库单

材料验收入库单

供应单位：　　　　　　　　　　20××年 12 月 5 日

发票号：　　　　　　　　　　　　　　　　　　　　　字第　　号

<table>
<tr><td rowspan="2">材料类别</td><td rowspan="2">材料名称</td><td rowspan="2">规格材质</td><td rowspan="2">计量单位</td><td rowspan="2">数量</td><td rowspan="2">实收数量</td><td rowspan="2">单价</td><td colspan="9">金　额</td></tr>
<tr><td>百</td><td>十</td><td>万</td><td>千</td><td>百</td><td>十</td><td>元</td><td>角</td><td>分</td></tr>
<tr><td></td><td>乙材料</td><td>JB−1</td><td>千克</td><td>6</td><td>6</td><td>3 100</td><td></td><td></td><td>1</td><td>8</td><td>6</td><td>0</td><td>0</td><td>0</td><td>0</td></tr>
<tr><td></td><td></td><td></td><td></td><td></td><td></td><td></td><td></td><td></td><td></td><td></td><td></td><td></td><td></td><td></td><td></td></tr>
<tr><td></td><td></td><td></td><td></td><td></td><td></td><td></td><td></td><td></td><td></td><td></td><td></td><td></td><td></td><td></td><td></td></tr>
<tr><td></td><td></td><td></td><td></td><td></td><td></td><td></td><td></td><td></td><td></td><td></td><td></td><td></td><td></td><td></td><td></td></tr>
<tr><td></td><td></td><td></td><td></td><td></td><td></td><td></td><td></td><td></td><td></td><td></td><td></td><td></td><td></td><td></td><td></td></tr>
<tr><td colspan="4" rowspan="2">检验结果　　检验员签章：</td><td colspan="2">运杂费</td><td></td><td></td><td></td><td></td><td></td><td></td><td></td><td></td><td></td><td></td></tr>
<tr><td colspan="2">合　计</td><td></td><td></td><td>¥</td><td>1</td><td>8</td><td>6</td><td>0</td><td>0</td><td>0</td><td>0</td></tr>
<tr><td>备注</td><td colspan="15"></td></tr>
</table>

第三联　会计

仓库主管：　　　　　材料会计：　　　　　经办人：　　　　　制单：陈红

6）12 月 5 日，张明报销差旅费 850 元，上月借款 1 000 元，退回现金 150 元。差旅费报销单和收款收据如表 4-10、表 4-11 所示。

表 4-10　差旅费报销单

差旅费报销单

部门：供应科　　　　　　　填报日期 20××年 12 月 5 日

<table>
<tr><td colspan="3">姓名</td><td colspan="3">张明</td><td>出差事由</td><td colspan="2">洽谈业务</td><td colspan="6">出差自　年 11 月 23 日
日期至　年 12 月 2 日</td><td colspan="2">共 10 天</td></tr>
<tr><td colspan="6">起讫时间及地点</td><td colspan="2">车船票</td><td colspan="3">夜间乘车补助费</td><td colspan="3">出差乘补费</td><td rowspan="2">住宿费金额</td><td colspan="2">其他</td></tr>
<tr><td>月</td><td>日</td><td>起</td><td>月</td><td>日</td><td>讫</td><td>类别</td><td>金额</td><td>时间</td><td>标准</td><td>金额</td><td>日数</td><td>标准</td><td>金额</td><td>摘要</td><td>金额</td></tr>
<tr><td>11</td><td>23</td><td>合肥</td><td>11</td><td>23</td><td>北京</td><td></td><td>130</td><td></td><td></td><td></td><td></td><td></td><td></td><td></td><td></td><td></td></tr>
<tr><td>11</td><td>23</td><td>北京</td><td>12</td><td>2</td><td>北京</td><td></td><td></td><td></td><td></td><td></td><td>10</td><td>15</td><td>150</td><td>440</td><td></td><td></td></tr>
<tr><td>12</td><td>2</td><td>北京</td><td>12</td><td>2</td><td>合肥</td><td></td><td>130</td><td></td><td></td><td></td><td></td><td></td><td></td><td></td><td></td><td></td></tr>
<tr><td></td><td></td><td></td><td></td><td></td><td></td><td></td><td></td><td></td><td></td><td></td><td></td><td></td><td></td><td></td><td></td><td></td></tr>
<tr><td></td><td></td><td></td><td></td><td></td><td></td><td></td><td></td><td></td><td></td><td></td><td></td><td></td><td></td><td></td><td></td><td></td></tr>
<tr><td colspan="6">小　计</td><td></td><td>260</td><td></td><td></td><td></td><td>10</td><td>15</td><td>150</td><td>440</td><td></td><td></td></tr>
<tr><td colspan="3">总计金额</td><td colspan="14">（大写）⊗仟捌佰伍拾零元零角零分　预借 1 000　核销 850　退补 150</td></tr>
</table>

附单据共　叁　张

主管：周娜　　　　部门：冯涛　　　　审核：　　　　填报人：张明

表 4-11　收款收据

收款收据

20××年 12 月 5 日　　第　号

今收到 张明

交来 预借款

人民币(大写)壹佰伍拾元整　¥150.00

第三联　记账联

单位章（发票专用章）　单位负责人：　会计主管：　经手人：张鹏

7）12 月 6 日，生产车间领用材料如表 4-12 所示。

表 4-12　领料单

领料单

领料部门：生产车间　　20××年 12 月 6 日

材料		单位	数量		单位成本	金额	过账
名称	规格		请领	实发			
乙材料	JB—1	千克	2	2	3 250.00	6 500.00	
丙材料	RB—6	米	400	400	25.00	10 000.00	
工作单号		用途	生产 B 产品				
工作项目							

会计：　记账：　发料：王鹏　领料：腾飞

8）12 月 6 日，以银行存款支付×××电视台广告费 8 000 元，转账支票存根、发票如表 4-13、表 4-14 所示。

表 4-13　中国工商银行转账支票存根

中国工商银行（皖）
转账支票存根

NO. ××××××××

附加信息

出票日期 20××年 12 月 6 日

收款人：×××电视台
金　额：¥8 000.00
用　途：广告费

单位主管　　会计 张鹏

表 4-14　广告业专用发票

×××广告业专用发票

客户名称：电气有限责任公司　　　　20××年 12 月 6 日

项目	单位	数量	单价	金额	备注
广告制作				8 000.00	
合计金额（大写）：⊗万捌仟零佰零拾零元零角零分					

报销凭证

单位（盖章）　　　　开票人：张超

税务局监制

发票专用章

9）12 月 6 日，职工秦红报销医药费，以现金支付。门诊收费收据、医药费报销单如表 4-15、表 4-16 所示。

表 4-15　医院门诊收费收据

医院门诊收费收据

20××年 12 月 6 日

姓名	秦红						
中药		按摩		化验		人流	
西药	158.00	理疗		透照		B超	
针灸		心电		处置			
合计(大写)⊗万⊗仟壹佰伍拾捌元零角零分				￥158.00			

××省第一人民医院 发票专用章

表 4-16　医药费报销单

医药费报销单

开支内容	金　额	结算方式
职工医药费	￥158.00	①冲借款______元②转　账______元 ③汇　款______元④现金付讫 158 元
合　计	⊗万⊗仟壹佰伍拾捌元零角零分	￥158.00

单位负责人:贺磊　　会计主管:彭丽　　经手人:秦红　　出纳:方艳

××省第一人民医院 发票专用章

10) 12月7日,从青海公司购进甲材料500千克,单价20元,价款10 000元,增值税1 700元,款项以银行存款支付,材料已验收入库。增值税专用发票、信汇凭证、材料入库单如表4-17至表4-19所示。

表4-17　增值税专用发票

××增值税专用发票

发票联　　　　开票日期:20××年12月7日

购货单位	名　　称:电气有限责任公司 纳税人识别号:370602165010208 地址、电话:合肥市红山路220号 3765988 开户行及账号:工行红山路支行 205223××××××					密码区	8+−〈3〉6〉972+269+/　加密版本:03 646〈600735〈35〉〈4/　37009931410 2−2〈2051+24+2618〈8　0454 /3−15〉〉09/5/−1〉〉〉+6		
货物或应税劳务名称	规格型号	单位	数量	单价		金额		税率	税额
甲材料	PI−2	千克	500	20.00		10 000.00		17%	1 700.00
合　计						¥10 000.00			¥1 700.00
价税合计(大写)	⊗壹万壹仟柒佰元整					(小写)¥11 700.00			
销货单位	名　　称:青海公司 纳税人识别号:580612326553167 地址、电话:安庆市人民路18号 5988301 开户行及账号:建行人民路支行 910326××××××					备注			

收款人:王红　　复核:张丽　　开票人:刘涛　　销货单位:(章)

第三联:发票联　购货方记账凭证

表4-18　中国工商银行信汇凭证

中国工商银行 信汇凭证(回单)1

委托日期20××年12月7日

汇款人	全称	电气有限责任公司	收款人	全称	青海公司
	账号	205223××××××		账号	910326××××××
	汇出地点	省合肥市/县		汇入地点	省安庆市/县
汇出行名称		工行红山路支行	汇入行名称		
金额	人民币(大写)	壹万壹仟柒佰元整	亿 千 百 十 万 千 百 十 元 角 分		¥ 1 1 7 0 0 0 0
汇出行签章			支付密码		
			附加信息及用途:购料		
			复核:　记账:		

工商银行红山路支行 20XX.XX.XX 转讫

此联是汇出行给汇款人的回单

表 4-19　材料验收入库单

材料验收入库单

供应单位：　　　　　　　　20××年 12 月 7 日

发票号：　　　　　　　　　　　　　　　　字第　　号

材料类别	材料名称	规格材质	计量单位	数量	实收数量	单价	金额								
							百	十	万	千	百	十	元	角	分
	甲材料	PI－2	千克	500	500	20.00			1	0	0	0	0	0	0
检验结果　检验员签章：				运杂费											
				合　计				¥	1	0	0	0	0	0	0
备注															

第三联　会计

仓库主管：　　　材料会计：　　　收料员：　　　经办人：　　　制单：陈红

11）12 月 9 日，从长安公司购丙材料 500 米，单价 28 元，价款 14 000 元，增值税 2 380 元。款项以银行存款支付，材料验收入库。增值税专用发票、信汇凭证、材料入库单如表 4-20至表 4-22 所示。

表 4-20　增值税专用发票

××增值税专用发票

发 票 联　　　　开票日期：20××年 12 月 9 日

购货单位	名　　称：电气有限责任公司 纳税人识别号：370602165010208 地 址 、电 话 ：合肥市红山路 220 号 3765988 开户行及账号：工行红山路支行 205223××××××				密码区	9＋－〈5〉7〉672＋596＋/　加密版本：04 248〈370673〈53〉〈2/　37009329314 2－2〈2051＋24＋2618〈9　0638 /3－16〉〉09/5/－1〉〉〉＋2	
货物或应税劳务名称	规格型号	单 位	数 量	单 价	金 额	税 率	税 额
丙材料	RB－6	米	500	28.00	14 000.00	17%	2 380.00
合　　计					¥14 000.00		¥2 380.00
价税合计（大写）	⊗壹万陆仟叁佰捌拾元整				（小写）¥16 380.00		
销货单位	名　　称：长安公司 纳税人识别号：670612326556731 地 址 、电 话 ：蚌埠市淮河路 22 号 9888223 开户行及账号：建行蚌埠市支行 910326××××××				备注		

第三联：发票联　购货方记账凭证

收款人：王伟　　　复核：刘丽　　　开票人：张涛　　　销货单位：（章）

长安公司　发票专用章

表 4-21　中国工商银行信汇凭证

中国工商银行 信汇凭证（回单）1

委托日期 20××年 12 月 9 日

汇款人	全　称	电气有限责任公司	收款人	全　称	长安公司
	账　号	205223××××××		账　号	910326××××××
	汇出地点	省合肥市/县		汇入地点	省蚌埠市/县
汇出行名称		工行红山路支行	汇入行名称		
金额	人民币（大写）	壹万陆仟叁佰捌拾元整			
工商银行红山路支行 20XX.XX.XX 转讫 汇出行签章			支付密码		
			附加信息及用途：购料 复核：　记账：		

亿	千	百	十	万	千	百	十	元	角	分
			¥	1	6	3	8	0	0	0

此联是汇出行给汇款人的回单

表 4-22　材料验收入库单

材料验收入库单

供应单位：　　20××年 12 月 9 日

发票号：　　字第　　号

材料类别	材料名称	规格材质	计量单位	数量	实收数量	单价	金额								
							百	十	万	千	百	十	元	角	分
	丙材料	RB－6	米	500	500	28.00			1	4	0	0	0	0	0
检验结果	检验员签章：			运杂费											
				合　计				¥	1	4	0	0	0	0	0
备注															

第三联　会计

仓库主管：李明　　材料会计：　　收料员：张帅　　经办人：　　制单：陈红

12）12 月 10 日，生产车间领用材料如表 4-23 所示。

表 4-23　领料单

领　料　单

领料部门：生产车间　　　20××年 12 月 10 日

材料		单位	数量		单位成本	金额	过账
名称	规格		请领	实发			
甲材料	PI—2	千克	500	500	20.00	10 000.00	
工作单号		用途	车间一般耗用				
工作项目							

会计：　　记账：　　发料：张华　　领料：陈大明

13）12 月 10 日收到华联商厦前欠货款 35 100 元。银行结算凭证和收款收据如表4-24、表 4-25 所示。

表 4-24　中国工商银行进账单

中国工商银行 进账单（收账通知）3

20××年 12 月 10 日　　　第　号

出票人	全称	华联商厦	收款人	全称	电气有限责任公司										
	账号	468385××××××		账号	205223××××××										
	开户银行	工行合肥市分行		开户银行	工行红山路支行										
金额	人民币（大写）	叁万伍仟壹佰元整		亿	千	百	十	万	千	百	十	元	角	分	
							¥	3	5	1	0	0	0	0	
票据种类	转账支票	票据张数	1												
票据号码															
单位主管　会计　复核　记账				收款人开户行签章											

工商银行红山路支行 20XX.XX.XX 转讫

此联是收款人开户银行交给收款人的收账通知

表 4-25　收款收据

<table>
<tr><td colspan="4" align="center">收 款 收 据</td></tr>
<tr><td colspan="3" align="center">20××年 12 月 10 日</td><td align="right">第　　号</td></tr>
<tr><td>交款单位
或交款人</td><td>华联商厦</td><td>收　款
方　式</td><td>转账支票</td></tr>
<tr><td colspan="3">事　由　收回欠款

金额(人民币大写):叁万伍仟壹佰元整　¥35 100.00</td><td>备注:</td></tr>
<tr><td>单位印章</td><td>单位负责人:</td><td>会计主管:</td><td>经手人:赵鹏</td></tr>
</table>

第三联　记账联

（印章：电气有限责任公司 发票专用章）

14）12 月 11 日，从银行提取现金 82 480 元，备发工资。现金支票存根如表 4-26 所示。

表 4-26　中国工商银行现金支票存根

中国工商银行
现金支票存根(皖)

NO. ××××××××

附加信息

出票日期 20××年 12 月 11 日

收款人:电气有限责任公司
金　额:¥82 480.00
用　途:备发工资

单位主管　　会计 赵鹏

15）12 月 11 日发放工资，工资结算单(略)，工资结算汇总如表 4-27 所示。

表 4-27　工资结算汇总表

工资结算汇总表

20××年 12 月 11 日

部门		人数	月基本工资	经常性奖金	津贴和补贴		加班工资	应扣工资		应付工资	代扣款项			实发工资
					物价补贴	夜班津贴		病假	事假		电费	水费	小计	
厂部	生产科	4	4 800	400	120		360			5 680				5 680
	供销科	6	5 800	300	180					6 280				6 280
	劳资科	3	3 600	150	90					3 840				3 840
	财务科	5	4 220	200	150		150			4 720				4 720
	办公室	4	6 000	200	120		160	20		6 460				6 460
车间	生产工人	68	40 400	3 400	2 040		7 100		40	52 900				52 900
	管理人员	2	2 260	100	80		160			2 600				2 600
合计		92	67 080	4 750	2 780		7 930	20	40	82 480				82 480

16）12 月 13 日，以银行存款缴纳上月税款。完税凭证如表 4-28、表 4-29 所示。

表 4-28　税收电子转账专用完税证

中华人民共和国
税收电子转账专用完税证

填发日期：20××年 12 月 13 日

税务登记代码	370602165010208	征收机关	市地税局
纳税人全称	电气有限责任公司	收款银行(邮局)	工(01531166569)

税(费)种	税款所属期间	实缴金额
股份制企业城建税	20××110120××1130	595.00
教育费附加	20××110120××1130	255.00
所得税	20××110120××1130	21 714.00
金额合计	(大写)贰万贰仟伍佰陆拾肆元零角零分	￥22 564.00

税务机关(盖章)	收款银行(邮局)(盖章)	经手人(签章)	备注	电子缴税 00038638(27)

工商银行红山路支行 20XX.XX.XX 转讫

此凭证仅作纳税人完税凭证，此外无效

表 4-29　税收电子转账专用完税证

中　华　人　民　共　和　国
税收电子转账专用完税证

填发日期：20××年 12 月 13 日

税务登记代码	370602165010208		征收机关	市国税局幸福分局
纳税人全称	电气有限责任公司		收款银行(邮局)	工(01531112669)
税(费)种	税款所属期间		实缴金额	
增值税	20××1101××1130		8 500.00	
金额合计	(大写)捌仟伍佰零拾零元零角零分		￥8 500.00	
税务机关 (盖章)	收款银行(邮局) (盖章)	经手人 (签章)	备注	电子缴税 00038638(28)

此凭证仅作纳税人完税凭证，此外无效

17) 12 月 13 日销售给华联商厦 A 产品 600 件，单价 105 元，价款 63 000 元，增值税 10 710元；B 产品 800 件，单价 95 元，价款 76 000 元，增值税 12 920 元，款项已存入银行。增值税专用发票、银行结算凭证如表 4-30、表 4-31 所示。

表 4-30　增值税专用发票

此联不作报销、扣税凭证使用

开票日期：20××年 12 月 13 日

购货单位	名　　称：华联商厦 纳税人识别号：650602165081023 地 址 、电 话：合肥市宁国路 6 号 8893798 开户行及账号：工行合肥市分行 468385××××××					密码区	6+−〈2〉6〉927+296+/ 加密版本：01 446〈600375〈35〉〈4/ 37009931410 2−2〈2051+24+2618〈7 0445 /3−15〉〉09/5/−1〉〉〉+2	
货物或应税劳务名称	规格型号	单位	数量	单价	金额		税率	税额
A 产品	JC−2	件	600	105.00	63 000.00		17%	10 710.00
B 产品	JR−6	件	800	95.00	76 000.00			12 920.00
合　计					￥139 000.00			￥23 630.00
价税合计(大写)	⊗壹拾陆万贰仟陆佰叁拾元整						(小写)￥162 630.00	
销货单位	名　　称：电气有限责任公司 纳税人识别号：370602165010208 地 址 、电 话：合肥市红山路 220 号 6813798 开户行及账号：工行红山路支行 205223××××××					备注		

收款人：王平　　复核：刘军　　开票人：王涛　　销货单位：(章)

第一联：记账联　销货方记账凭证

表 4-31　中国工商银行进账单

中国工商银行 进账单（收账通知）3

20××年 12 月 13 日　　　　　　　　　　　　第　　号

出票人	全　　称	华联商厦公司	收款人	全　　称	电气有限责任公司
	账　　号	468385××××××		账　　号	205223××××××
	开户银行	工行合肥市分行		开户银行	工行红山路支行

金额	人民币（大写）	亿	千	百	十	万	千	百	十	元	角	分
	壹拾陆万贰仟陆佰叁拾元整			¥	1	6	2	6	3	0	0	0

票据种类	转账支票	票据张数	1
票据号码			
单位主管	会计	复核	记账

工商银行红山路支行
20XX.XX.XX
转讫
收款人开户行鉴章

此联是收款人开户行交收款人的收账通知

18）12 月 15 日，从鸿润公司购进甲材料 1 000 千克，单价 21 元，价款21 000元，增值税3 570元，款项以银行存款支付，材料验收入库。材料入库单、信汇凭证、增值税专用发票如表 4-32 至表 4-34 所示。

表 4-32　材料验收入库单

材料验收入库单

供应单位：　　　　　　　　　20××年 12 月 15 日

发票号：　　　　　　　　　　　　　　　　　　　　　　字第　　号

材料类别	材料名称	规格材质	计量单位	数量	实收数量	单价	金额								
							百	十	万	千	百	十	元	角	分
	甲材料	RI−2	千克	1 000	1 000	21.00			2	1	0	0	0	0	0
检验结果　检验员签章：				运杂费											
				合　计				¥	2	1	0	0	0	0	0
备注															

第三联　会计

仓库主管：李明　　　材料会计：　　　收料员：张帅　　　经办人：　　　制单：陈红

表 4-33　中国工商银行信汇凭证

中国工商银行 信汇凭证（回单）1

委托日期 20××年 12 月 15 日

汇款人	全　称	电气有限责任公司	收款人	全　称	鸿润公司
	账　号	205223××××××		账　号	870326××××××
	汇出地点	省合肥市/县		汇入地点	省池州市/县
汇出行名称		工行红山路支行	汇入行名称		
金额	人民币（大写）	贰万肆仟伍佰柒拾元整			

亿	千	百	十	万	千	百	十	元	角	分
			¥	2	4	5	7	0	0	0

汇出行签章	支付密码
工商银行红山路支行 20XX.XX.XX 转讫	附加信息及用途：购料
	复核：　　记账：

此联是汇出行给汇款人的回单

表 4-34　增值税专用发票

××增值税专用发票

发票联　　开票日期:20××年 12 月 15 日

购货单位	名　　称:电气有限责任公司 纳税人识别号:370602165010208 地 址 、电 话:合肥市红山路 220 号 3765988 开户行及账号:工行红山路支行 205223××××××	密码区	9＋－〈5〉7〉672＋596＋/　加密版本:04 248〈370673〈53〉〈2/　37009329314 2－2〈2051＋24＋2618〈9　0638 /3－16〉〉09/5/－1〉〉〉＋2

货物或应税劳务名称	规格型号	单位	数量	单价	金额	税率	税额
甲材料	RI－2	千克	100	21.00	21 000.00	17%	3 570.00
合　计					¥21 000.00		¥3 570.00
价税合计(大写)	⊗贰万肆仟伍佰柒拾元整				(小写)¥24 570.00		

销货单位	名　　称:鸿润公司 纳税人识别号:547812326556693 地 址 、电 话:池州市青阳路 15 号 9866523 开户行及账号:建行池州市支行 870326××××××	备注	鸿润公司 发票专用章

收款人:刘婷　　复核:李丽　　开票人:张惠　　销货单位:(章)

第三联：发票联　购货方记账凭证

19）12 月 17 日销售给胜利公司 A 产品 400 件，单价 105 元，价款 42 000 元，增值税 7 140元；B 产品 300 件，单价 95 元，价款 28 500 元，增值税 4 845 元，办妥委托银行收款项手续。增值税专用发票、银行结算凭证如表 4-35、表 4-36 所示。

表 4-35　托收承付凭证

托收承付凭证（回单）

委托日期 20××年 12 月 17 日　　　　托收号码：8635

付款人	全　称	胜利公司	收款人	全　称	电气有限责任公司
	账号或住址	芜湖市迎江路 16 号 6898835		账　号	205223××××××
	开户银行	工行芜湖市分行		开户银行	
托收金额	人民币（大写）	捌万贰仟肆佰捌拾伍元整	亿 千 百 十 万 千 百 十 元 角 分		￥ 8 2 4 8 5 0 0
附件		商品发运情况	合同名称号码		
附寄单证张数或册数					
备注 电划		款项收妥日期 年　月　日	收款人开户银行盖章 20××年 12 月 17 日		

主管单位：　　会计：　　复核：　　记账：　　付款单位开户银行盖章

工商银行芜湖分行 20XX.XX.XX 转讫

此联是收款人开户行给收款人回单

表 4-36　增值税专用发票

××增值税专用发票

此联不作报销、扣税凭证使用

开票日期：20××年 12 月 17 日

购货单位	名　　称：胜利公司 纳税人识别号：460602376508102 地 址 、电 话：芜湖市迎江路 16 号 6898835 开户行及账号：工行芜湖市分行 608230××××××				密码区	6＋－〈2〉6〉927＋296＋/　加密版本：05 474〈600375〈35〉〈2/　37009931410 2－3〈2051＋24＋2618〈3　04324 /3－15〉〉09/5/－1〉〉〉＋2		
货物或应税劳务名称	规格型号	单位	数量	单价	金额		税率	税额
A 产品	JC－2	件	400	105.00	42 000.00		17%	7 140.00
B 产品	JR－6	件	300	95.00	28 500.00			4 845.00
合　计					￥70 500.00			￥11 985.00
价税合计（大写）	⊗捌万贰仟肆佰捌拾伍元整				（小写）￥82 485.00			
销货单位	名　　称：电气有限责任公司 纳税人识别号：370602165010208 地 址 、电 话：合肥市红山路 220 号 6813798 开户行及账号：工行红山路支行 205223××××××				备注			

收款人：李萍　　复核：刘宁　　开票人：王蕾　　销货单位（章）

电气有限责任公司 发票专用章

第一联：记账联　销货方记账凭证

20）12 月 19 日，生产车间领用材料如表 4-37 所示。

表 4-37　领料单

领　料　单

领料部门：生产车间　　　　　　20××年 12 月 19 日

材料		单位	数量		单位成本	金额	过账
名称	规格		请领	实发			
甲材料	PI—2	千克	800	800	21.00	16 800.00	
乙材料	JB—1	千克	3	3	3 100.00	9 300.00	
工作单号		用途	生产 A 产品				
工作项目							

会计：　　　　记账：　　　　发料：张华　　　　领料：陈大明

21）12 月 20 日，生产车间王小报销办公用品费 232 元，以现金付讫。购货发票如表 4-38所示。

表 4-38　商品销售统一发票

×××商品销售统一发票

客户名称及地址：电气有限责任公司　　20××年 12 月 20 日填制

品名规格	单位	数量	单价	金额							备注
				万	千	百	十	元	角	分	
笔记本	本	10	15.00			1	5	0	0	0	
笔筒	个	10	8.20				8	2	0	0	
合计					¥	2	3	2	0	0	
合计金额（大写）⊗万⊗仟贰佰叁拾贰元零角零分											

第二联　发票联

填票人：刘亚　　　　开票：王芳　　　　单位名称（盖章）：

22）12 月 22 日，收到胜利公司前欠货款 46 800 元。银行收账通知如表 4-39 所示。

表 4-39　中国工商银行信汇凭证

中国工商银行 **信汇凭证**（收账通知）2

委托日期 20××年 12 月 22 日

汇款人	全　称	胜利公司	收款人	全　称	电气有限责任公司									
	账　号	608230××××××		账　号	205223××××××									
	汇出地点	省芜湖市/县		汇入地点	省　市/县									
汇出行名称		工行芜湖市分行	汇入行名称											
金额	人民币（大写）	肆万陆仟捌佰元整	亿	千	百	十	万	千	百	十	元	角	分	
						¥	4	6	8	0	0	0	0	
工商银行芜湖分行 20XX.XX.XX 转讫　汇出行签章			支付密码											
			附加信息及用途：还欠款											

复核：　　记账：

此联是汇出行给汇款人的收账通知

23）12 月 22 日，管理部门领用材料如表 4-40 所示。

表 4-40　领料单

领　料　单

领料部门：管理部门　　20××年 12 月 22 日

材料		单位	数量		单位成本	金额	过账
名称	规格		请领	实发			
丙材料	RB－6	米	100	100	28.00	2 800.00	
工作单号		用途	修理办公桌椅				
工作项目							

会计：　　记账：　　发料：张华　　领料：韩波

24）12 月 23 日，生产车间领用材料如表 4-41 所示。

表 4-41　领料单

领　料　单

领料部门：生产车间　　　　20××年 12 月 23 日

材料		单位	数量		单位成本	金额	过账
名称	规格		请领	实发			
乙材料	JB－1	千克	1	1	3 100.00	3 100.00	
丙材料	RB－6	米	200	200	28.00	5 600.00	
工作单号		用途	生产 B 产品				
工作项目							

会计：　　记账：　　发料：张华　　领料：陈大明

25）12 月 25 日，生产车间领用材料如表 4-42 所示。

表 4-42　领料单

领　料　单

领料部门：生产车间　　　　20××年 12 月 25 日

材料		单位	数量		单位成本	金额	过账
名称	规格		请领	实发			
甲材料	PI－2	千克	253	253	20.00	5 060.00	
工作单号		用途	车间一般耗用				
工作项目							

会计：　　记账：　　发料：张华　　领料：陈大明

26）12 月 26 日，以银行存款支付本月电话费 2 600 元。银行转账支票存根、电信局专用收据如表 4-43、表 4-44 所示。

表 4-43　电信局专用收据

×××电信局专用收据

20××年 12 月 26 日　　第 033972 号

电话号码	89237591	付款单位	电气有限责任公司
	交款明细项目		
实收金额(人民币)大写:贰仟陆佰元整　¥:2 600.00			

第二联　报销凭证

（印章：×××电信局 财务专用章）

表 4-44　中国工商银行转账支票存根

中国工商银行（皖）
转账支票存根

NO. ××××××××

附加信息

出票日期 20××年 12 月 26 日

收款人:×××电信局
金　额:¥2 600.00
用　途:电话费

单位主管　　会计 赵鹏

27）12 月 28 日，以银行存款偿还前欠鸿润公司货款 35 100 元。汇兑结算凭证如表 4-45 所示。

表 4-45　中国工商银行信汇凭证

中国工商银行 **信汇凭证**（回单）　1

委托日期 20××年 12 月 28 日

汇款人	全　称	电气有限责任公司	收款人	全　称	鸿润公司									
	账　号	205223××××××		账　号	910326××××××									
	汇出地点	省合肥市/县		汇入地点	省　市/县									
汇出行名称		工行红山路支行	汇入行名称											
金额	人民币（大写）	叁万伍仟壹佰元整	亿	千	百	十	万	千	百	十	元	角	分	
						¥	3	5	1	0	0	0	0	
汇出行签章			支付密码											
			附加信息及用途：还欠款											
			复核：　记账：											

工商银行红山路支行 20XX.XX.XX 转讫

此联是汇出行给汇款人的回单

28）12 月 31 日，以银行存款支付本月水电费价税款合计 11 489.40 元，并进行水电费分配。银行转账支票存根、增值税专用发票、水电费分配表如表 4-46 至表 4-50 所示。

表 4-46　中国工商银行转账支票存根

中国工商银行
转账支票存根（皖）

NO. ××××××××

附加信息

出票日期 20××年 12 月 31 日

收款人：	×××自来水公司
金　额：	¥2 728.44
用　途：	水费

单位主管　　会计 赵鹏

表 4-47 增值税专用发票

××增值税专用发票

发 票 联　　　开票日期:20××年 12 月 31 日

购货单位	名　　称:电气有限责任公司 纳税人识别号:370602165010208 地 址 、电 话 :合肥市红山路 220 号 3765988 开户行及账号:工行红山路支行 205223××××××			密码区	9+−〈5〉7〉672+596+/ 加密版本:04 248〈370673〈53〉〈2/ 37009329314 2−2〈2051+24+2618〈9 0638 /3−16〉〉09/5/−1〉〉〉+2		
货物或应税劳务名称	规格型号	单 位	数 量	单 价	金 额	税 率	税 额
水费		吨	2 340	1.10	2 574.00	6%	154.44
合　计					¥2 574.00		¥154.44
价税合计(大写)	⊗贰仟柒佰贰拾捌元伍肆角肆分				(小写)¥2 728.44		
销货单位	名　　称:×××自来水公司 纳税人识别号:680612526546718 地 址 、电 话 :合肥市长江路 4 号 8978256 开户行及账号:建行长江路支行 750326××××××			备注			

第三联:发票联 购货方记账凭证

收款人:马彬　　复核:刘春　　开票人:张清　　销货单位:(章)

×××自来水公司 发票专用章

表 4-48 中国工商银行转账支票存根

中国工商银行(皖)
转账支票存根

NO.××××××××

附加信息

出票日期 20××年 12 月 31 日

收款人:×××供电公司
金　额:¥8 760.96
用　途:电费

单位主管　　会计 赵鹏

表 4-49 增值税专用发票

××增值税专用发票

发 票 联　　　　开票日期:20××年 12 月 31 日

购货单位	名　　称:电气有限责任公司 纳税人识别号:370602165010208 地 址 、电 话:合肥市红山路 220 号 3765988 开户行及账号:工行红山路支行 205223××××××			密码区	9+—〈5〉7〉672+596+/ 加密版本:04 248〈370673〈53〉〈2/ 37009329314 2—2〈2051+24+2618〈9 0638 /3—16〉〉09/5/—1〉〉〉+2		
货物或应税劳务名称	**规格型号**	**单位**	**数量**	**单价**	**金额**	**税率**	**税额**
电费		度	7 488	1.00	7 488.00	17%	1 272.96
合　计					¥7 488.00		¥1 272.96
价税合计(大写)	⊗捌仟柒佰陆拾元玖角陆分				(小写)¥8 760.96		
销货单位	名　　称:×××供电公司 纳税人识别号:650645123265567 地 址 、电 话:合肥市望江路 19 号 76888268 开户行及账号:建行望江路支行 667326××××××			备注			

收款人:张星　　复核:王菊　　开票人:杨丽　　销货单位:(章)

第三联:发票联 购货方记账凭证

表 4-50 水电费分配表

水电费分配表

20××年 12 月 31 日

使用部门	水费(元)	电费(元)	合计(元)
车　间	2 000	6 284	8 284
厂　部	574	1 204	1 778
合　计	2 574	7 488	10 062

29）12 月 31 日，以银行存款支付本月短期借款利息 1 152 元。银行计收利息清单如表 4-51 所示。

表 4-51　中国工商银行计收利息清单

中国工商银行计收利息清单（支款通知）

20××年 12 月 31 日

<table>
<tr><td colspan="2">户名</td><td colspan="3">电气有限责任公司</td><td>账号</td><td>578679××××××</td></tr>
<tr><td colspan="2">计息起止时间</td><td colspan="4">20××年 11 月 21 日至 20××年 12 月 20 日</td><td rowspan="8">左列贷款利息业已从你单位账户扣付
逾期罚息 30%
工行滨海市分行
（章）
转账日期
年 月 日
工商银行滨海分行
20XX.XX.XX
转讫</td></tr>
<tr><td rowspan="6">贷款种类</td><td>贷款账号</td><td>计息日贷款余额</td><td>计息积数</td><td>利率</td><td>计收利息金额</td></tr>
<tr><td>368 945 ×××</td><td>80 000</td><td>2 400 000</td><td>0.048%</td><td>1 152.00</td></tr>
<tr><td></td><td></td><td></td><td></td><td></td></tr>
<tr><td></td><td></td><td></td><td></td><td></td></tr>
<tr><td></td><td></td><td></td><td></td><td></td></tr>
<tr><td></td><td></td><td></td><td></td><td></td></tr>
<tr><td colspan="4">利息金额
人民币(大写)壹仟壹佰伍拾贰元整</td><td colspan="2">十 万 千 百 十 元 角 分
¥ 1 1 5 2 0 0</td></tr>
</table>

30）12 月 31 日，分配本月工资费用。工资费用分配表如表 4-52 所示。

表 4-52　工资费用分配表

工资费用分配表

20××年 12 月 31 日　　　　金额单位：元

部门及各类人员		工资额
车间	A 产品生产工人	23 800.00
	B 生产生产工人	29 100.00
	车间管理人员	2 600.00
厂部	管理人员	26 980.00
合　计		82 480.00

31）12 月 31 日，按本月工资费用计提福利费。福利费分配表如表 4-53 所示。

表 4-53　福利费分配表

福利费分配表

20××年 12 月 31 日　　　　金额单位：元

部门及各类人员		工资额	计提比例 14%	计提金额
车间	A 产品生产工人			
	B 产品生产工人			
	生产管理人员			
厂部	管理人员			
合　计				

32）12 月 31 日，计提固定资产折旧。折旧额计算如表 4-54 所示。

表 4-54　折旧额计算表

折旧额计算表

20××年 12 月 31 日　　　　金额单位：元

使用单位和固定资产类别		原值	月折旧率%	折旧额
车间	厂　房	400 000	0.4	1 600.00
	设　备	319 000	0.8	2 552.00
	小　计	719 000		4 152.00
厂部	房　屋	330 000	0.4	1 320.00
	运输设备	199 200	1	1 992.00
	管理设备	31 000	0.98	303.80
	小　计	560 200		3 615.80
合　计		1 279 200		7 767.80

33）12 月 31 日，根据生产工人工资比例，分配并结转本月制造费用。制造费用分配如表 4-55 所示。

表 4-55　制造费用分配表

制造费用分配表

20××年 12 月 31 日　　金额单位：元

分配对象	分配标准	分配率	分配金额
A 产品			
B 产品			
合　计			

注：分配率建议保留小数位数 6 位，分配金额保留小数位数 2 位。

34）12 月 31 日，本月生产产品全部完工，其中 A 产品完工 1 500 件，B 产品完工 1 495 件，计算并结转本月完工产品成本（上月产品全部完工）。产品成本计算单、产成品入库单如表 4-56 至表 4-58 所示（填列表中数字）。

表 4-56　产品成本计算单

产品成本计算单

产品名称：A 产品　　20××年 12 月 31 日　　金额单位：元

成本项目	期初在产品成本	本月发生费　用	生产费用合　计	完工产品成　本	单位成本	期末在产品成本
直接材料						
直接人工						
制造费用						
合　计						

表 4-57 产品成本计算单

产品成本计算单

产品名称:B产品 20××年12月31日 金额单位:元

成本项目	期初在产品成本	本月发生费用	生产费用合计	完工产品成本	单位成本	期末在产品成本
直接材料						
直接人工						
制造费用						
合 计						

表 4-58 产成品入库单

产成品入库单

20××年12月31日 金额单位:元

产品名称	计量单位	数 量	单位成本	金 额

仓库主管: 经办人: 制单:

35)12月31日,结转本月产品销售成本,其中A产品单位生产成本45元,B产品单位生产成本40元。销售成本计算单如表4-59所示。

表 4-59 销售成本计算单

销售成本计算单

20××年12月31日 金额单位:元

产品名称	计量单位	销售数量	单位生产成本	销售成本总额
A产品				
B产品				
合 计				

36）12 月 31 日，按 7%计提当月应缴城市维护建设税。（假设本企业只交增值税，当月实际交纳增值税 23092.46 元）

37）12 月 31 日，按 3%计提当月应缴教育费附加。（假设本企业只交增值税，当月实际交纳增值税 23092.46 元）

38）12 月 31 日，结转损益类账户。

39）12 月 31 日，计算当月应缴所得税费用，并将所得税费用结转“本年利润”。

40）12 月 31 日，按 10%的比例计提法定盈余公积金。法定盈余公积金计提表如表 4-60 所示。

表 4-60　法定盈余公积金计提表

法定盈余公积金计提表

20××年度　　　　金额单位：元

税前利润总额	所得税	计提基数	法定盈余公积	
			计提比例	金额
1	2	3	4	5

41）12 月 31 日，计算应付股利（上年未分配利润为 0）。应付股利计算表如表 4-61 所示。

表 4-61　应付股利计算表

应付股利计算表

20××年度　　　　金额单位：元

上年未分配利　润	本年可分配利润	可分配利润合计	分配比例	应付股利总额
			60%	

42）12 月 31 日，结转本年利润及利润分配有关明细分类账户。

实训五　会计资料的装订和保管

会计资料的装订是会计工作的组成部分之一，在会计核算当期和以后相当长一段时间内，财务部门和有关经济监督部门，需要不断地翻阅。要使会计资料长时间保存好，查阅起来方便，会计资料必须装订成册，但要做到装订科学、实用、美观，需要掌握一定的技术。通过本项目的训练，学生能够很容易地掌握该技术，并熟能生巧。

一、训练目的

1）理解会计资料装订保管的重要性；

2）掌握各种会计资料的装订方法和程序；

3）规范整齐地装订各种会计资料并实行归类保管。

二、训练资料

所有相关会计资料、装订机、棉线、各种封皮和封底。

三、装订技术介绍

主要包括会计凭证的装订和保管 、会计报表和其他资料的装订。

（一）会计凭证的装订和保管

1. 装订前的准备

1）分类整理，按顺序排列，检查日数、编号是否齐全。

2）按凭证汇总日期归集（如按上、中、下旬汇总归集）确定装订成册的本数，装订凭证厚度一般1.5～2.5厘米为宜，方可保证装订牢固，美观大方全。

3）摘除凭证内的金属物（如订书钉、大头针、回形针）。金属易发生氧化，影响会计凭证的保管。对大的张页或附件要折叠成同记账凭证大小，且要避开装订线，以便翻阅，保持数字完整。

4）整理检查凭证顺序号，如有颠倒要重新排列，发现缺号要查明原因。再检查附件是否漏缺，领料单、入库单、工资、奖金发放单是否随附齐全。

5）记账凭证上有关人员（如财务主管、复核、记账、制单等）的印章是否齐全。

6）把所有凭证折叠整齐，特别是原始凭证折叠成记账凭证的大小，便于整齐平整。

7）要以会计凭证的左上侧为准，放齐，准备装订机或小手电钻，还有线绳、铁夹、胶水、凭证封皮。

8）在凭证的正面加上封面（要用上好的牛皮纸印制），凭证的背面加上封底，然后用大夹子固定。再拿一张质地相同的纸（可以再找一张凭证封皮，裁下一半用，另一半为订下一本凭证备用）放在封皮上角，做护角线。

2. 装订

1）在凭证的左上角画一边长为5厘米的等腰三角形，用装订机在底线上分布均匀地打两个眼儿。

2）用大针引线绳穿过两个眼儿，如果没有针，可以将回形别针顺直，然后两端折向同一个方向，折向时将线绳夹紧，即可把线引过来。

3）在凭证的背面打结。线绳最好把凭证两端也系上。

4）将护角向左上侧面折，并将一侧剪开至凭证的左上角，然后抹上胶水。

5）向上折叠，将侧面和背面的线绳扣粘死。如图5-1所示。

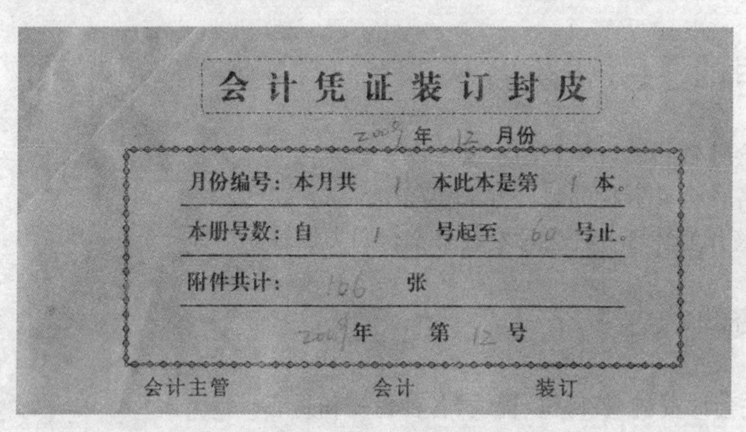
会计凭证装订封皮

2009年 12 月份

月份编号：本月共 1 本此本是第 1 本。

本册号数：自 1 号起至 60 号止。

附件共计：166 张

2009年 第 12 号

会计主管 会计 装订

图5-1 会计凭证封皮

3. 会计凭证装订后的注意事项

1）每本封面上填写好凭证种类、起止号码、凭证张数、会计主管人员和装订人员签章。

2）在封面上编好卷号，按编号顺序入柜，并要在显露处标明凭证种类编号，以便于调阅。

4. 保管

各种凭证装订完毕后，在本年度内可由专人负责保管，存放在财务部。但年度终了应移交财会档案室登记归档。期满后按规定程序销毁。

（二）会计报表和其他资料的装订

1. 会计账簿的装订

会计账簿的装订主要是指活页账的装订，日记账和总分类账均采用订本式，不存在装订问题。

1）活页账簿应去除空白页、撤掉账夹等固定物品，保留有内容的账页，将其账页数填写齐全。不得有错页、掉页、空白纸及折角、缺角等情况。

2）把同类业务的账页装订在一起。多栏式活页账、三栏式活页账、数量金额式活账等不得混装。

3）填写封面。在账簿封面上填写账目的种类，会计主管人员和装订人(经办人)签章。

4）加账盖(封底、封面)，采用账夹或用绳子固定即可。

会计业务量小的单位，账簿可以不贴口取纸；会计业务量大的单位，账簿上应贴口取纸，可以按一级科目或材料大类，按账页顺序由前往后，自上而下地粘贴。口取纸应该整齐，均匀，并能显露出科目名称。口取纸应在账簿的右侧粘贴，不要在上下两侧粘贴。账簿排架时应竖立放置，以便抽取时不损坏口取纸。如图 5-2 所示。

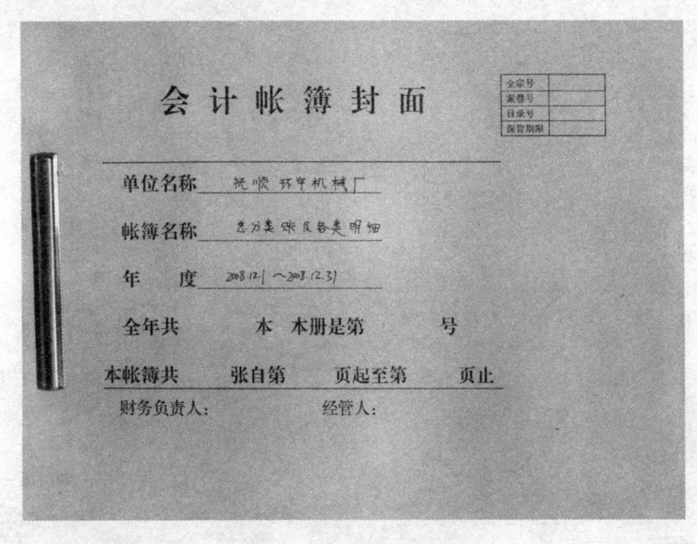

会 计 帐 簿 封 面

全宗号	
案卷号	
目录号	
保管期限	

单位名称　抚顺环宇机械厂

帐簿名称　总分类账及各类明细

年　　度　2008.12.1～2008.12.31

全年共　　本　本册是第　　号

本帐簿共　　张自第　　页起至第　　页止

财务负责人：　　　　经管人：

图 5-2　会计账簿封面

2. 会计报表的装订

会计报表编制后加盖各种印章(公章、经办人章、财务主管章)，汇总后整理整齐加上报表封皮，装订成册。然后在封皮上注明单位名称、年度、月份、主办会计和经办人签章。

3. 其他资料的装订

其他资料有增值税抵扣联以及各种一个月内数量过多的原始凭证，如发、收料单等可以单独装订，并在封皮上注明日期、单位名称等相关内容。

4. 各种资料的保管

同上会计凭证的保管。

(三) 会计资料的保管纪律

1）会计资料应有专人负责保管。

2）会计资料不得外借，会计人员应严守财经纪律，不得把各种会计数据外传。

3）其他单位如因特殊情况需要使用原始凭证时，经本单位领导同意可以复制。

4）本单位人员如因特殊情况需要使用原始凭证的，一般在财会档案室里直接查询，如需拿出财务档案室的需经领导批准并在登记簿上登记。

5）向外单位提供原始凭证复制件时应在专设的登记簿上登记。

6）会计资料的销毁应按国家规定保管期限满后，按规定程序办理销毁手续后销毁。

四、训练要求

对前面实训三、实训四所形成的凭证、账簿、报表进行装订。